株式会社シー・アール・エム

パパッとできる！売上がのびる！
メニューブック素材集

●居酒屋 ●定食屋 ●ラーメン
●カフェ ●中華 ●うどん・そば
●イタリアン ●タイ料理 etc...

「プロ」が作った素材をそのまま使える!!

印刷するだけ!!

DVD-ROM付属　Wordで手軽に作れる！
収録素材 2150点超
●完成テンプレート 約350点
●イラスト＆パーツ 約1800点

SHOEISHA

JN168987

CONTENTS

付属DVD-ROMについて ……………………… 03
本書の見方 ……………………………………… 04
メニューブック作成のフローチャート ……… 06
ビフォーアフターで見る本書収録素材の活用事例 …… 08

Part 1 売上がのびるメニューブックの作り方 …… 15

Part 2 メニューブック素材カタログ …… 33

完成テンプレート

居酒屋 …… 34		割烹 …… 66	
バー …… 38		中華 …… 68	
カフェ …… 40		洋食 …… 72	
カレー …… 44		焼肉 …… 74	
フレンチ …… 46		お酒(ドリンク)メニュー …… 77	
イタリアン …… 49		日替わりメニュー …… 78	
お好み焼き …… 52		セットメニュー …… 79	
ラーメン …… 54		限定メニュー …… 80	
寿司 …… 58		曜日別メニュー …… 81	
定食 …… 60		和食(英語) …… 82	
タイ料理 …… 62		中華(英語) …… 83	
うどん・そば …… 64		洋食(英語) …… 84	

パーツ素材

デコレーション …… 85	タイトル …… 103
アイコン …… 90	背景 …… 132
イラスト …… 99	

Part 3 メニューブックを作ろう …… 143

本書付属DVD-ROMについて

本書付属DVD-ROMには、Wordで作成したメニューブックの完成テンプレートのほか、完成テンプレートのカスタマイズに利用できるパーツ素材が多数収録されています。

Kansei

完成テンプレート

- 01 Izakaya
- 02 Bar
- 03 Cafe
- 04 Curry
- 05 French
- 06 Italian
- 07 Okonomiyaki
- 08 Ramen
- 09 Sushi
- 10 Teishoku
- 11 Thai
- 12 Udon
- 13 Kappo
- 14 Chuka
- 15 Youshoku
- 16 Yakiniku
- 17 Drink
- 18 Higawari
- 19 Set
- 20 Gentei
- 21 Youbi
- 22 Japanese english menu
- 23 Chinese english menu
- 24 Western english menu

Parts

デコレーション

- 25 Decoration_kazari
- 26 Decoration_moyou

アイコン

- 27 icon_gentei
- 28 icon_hayai
- 29 icon_ichioshi
- 30 icon_karai
- 31 icon_ninki
- 32 icon_on_rei
- 33 icon_osusume
- 34 icon_syun
- 35 icon_teiban

タイトル

- 36 Illustrator
- 37 title_agemono
- 38 title_yakimono
- 39 title_gentei
- 40 title_teiban
- 41 title_niku
- 42 title_sakana
- 43 title_ippin
- 44 title_osyokuzi
- 45 title_otsumami
- 46 title_pasta
- 47 title_salad
- 48 title_sashimi
- 49 title_teisyoku
- 50 title_gohan
- 51 title_don
- 52 title_kanmi
- 53 title_dessert
- 54 title_kushi
- 55 title_men
- 56 title_grand
- 57 title_quick
- 58 title_drink
- 59 title_sake
- 60 title_softdrink
- 61 title_cocktail
- 62 title_nihonsyu
- 63 title_syoucyu
- 64 title_wine
- 65 title_beer

背景

- 66 background

本書付属DVD-ROMについて

■ 本書付属DVD-ROMに収録されているWordファイルは、Windows PCに搭載のMicrosoft Word（2013/2010/2007）で利用できます。一部ファイルは、Word 2007では正しく表示されないこともあります。

■ Macintoshは保証対象外となりますのでご注意ください。また、お客様のPCのフォント環境によっては、正しく表示・印刷されない場合があります。お手持ちのプリンターや印刷時の設定により、本書に掲載されている見本の色調と異なる場合があります。

■ 本書付属DVD-ROMを使用したことによって、あるいは使用できなかったことによって生じる損害は、株式会社翔泳社および著者は一切の責任を負いません。あらかじめご了承ください。

収録ファイルについて

■ 本書付属DVD-ROMに収録されているWordファイルは、OS:Windows 7、ソフト：Word2010を使用して作成しています。ご使用のPC環境やバージョンによっては、アイテムや文字の位置がズレる場合があります。そのような場合は、「Part3 メニューブックを作ろう」（P.143～）を参考に、適宜修正してご利用ください。

■ 本書付属DVD-ROMには、Microsoft Wordなどのアプリケーションは収録していませんのでご注意ください。

■ 収録している各種素材は、本書の購入者に限り自由にご利用いただけます。また、個人的及び商業目的での使用、データの改変なども自由に行えます。

■ 収録している完成テンプレートの著作権は著者に、パーツ素材の著作権は著者および各著作権者に帰属します。

■ 収録している各種素材を販売することは一切できません。また有償無償にかかわらず、転載、再配布、複製、譲渡は禁じられています。

■ 文面による許可なく無断で、雑誌、カタログ、書籍などへの本ファイル画像の転載は禁止します。

［本書の見方］

❶ メニューブックの業種・種類

メニューブックの業種・種類ごとに分類されています。ここを見れば、自分が欲しいメニューブックがすぐに探せます。

❷ ファイルの収録場所

当該素材が収録されている付属DVD-ROMのフォルダーを示しています。DVD-ROMのフォルダー構成については、P.03を参照してください。

❸ ポイント

その完成テンプレートの特徴や、カスタマイズする際のヒントを紹介しています。

❹ Other Page

その完成テンプレートの別ページや、バリエーション違いのページです。なお、1冊にまとめるときのために、付属DVD-ROMには、「表紙」も収録されています。

❺ ファイル名

完成テンプレートのファイル名です。このファイル名をもとに、付属DVD-ROMから完成テンプレートを探してください。

❻ HINT（注意）

知っておくと役立つヒントや注意が記載されています。

❼ 関連ページへ案内

関連情報が記載されているページへの案内です。

本書に収録されているメニューブックの完成テンプレートや各種パーツ素材は、すべて付属のDVD-ROMに収録されています。ここでは、本書の見方を紹介しておきましょう。

パーツ素材

① パーツ素材の種類

パーツ素材がジャンル別に分類されています。

② ファイルの収録場所

当該素材が収録されている付属DVD-ROMのフォルダーを示しています。

③ ファイル名

そのパーツ素材のファイル名です。このファイル名をもとに、付属DVD-ROMからパーツを探してください。

注意 サンプル写真について

完成テンプレートに掲載されている写真は、付属DVD-ROMには収録されていません。各自で用意した写真をご利用ください。

本書で紹介している完成テンプレート

付属DVD-ROMに収録されているWordファイル

HINT パーツ素材の画像形式

付属DVD-ROMに収録されているパーツ素材の画像形式は、「PNG」となっています。PNG形式のデータは透過情報を持ち、素材同士を重ねて利用することができます。

注意 本書の動作環境

本書を利用するには、お使いのPCにMicrosoft Wordがインストールされている必要があります（2013/2010/2007対応）。また、Macintoshでのご利用は動作保証対象外となりますのでご注意ください。詳細はP.03もご参照ください。

05

メニューブック作成の
フローチャート

メニューブックを作成するにあたり、基本的なフローを確認しておきましょう。新規出店でメニューブックを新しく作成する場合と、グランドメニュー改定などリニューアルの場合で、若干フローが変わります。

新規出店の場合

「ターゲット」と「コンセプト」を明確にする

お店の「ターゲット」と「コンセプト」、すなわち「誰に」「何を」「どのように」提供するお店なのか明文化する。「お店のキャッチコピーとなる言葉を考える」と言い換えてもよい。

メニューブック開発一覧表を作成する

メニューブック開発一覧を作成する。カテゴリ分け、ネーミング、キャッチコピー、売価、原価率、写真撮影の有無、食器などを一覧表にまとめよう。

詳しくは…P.20へGO!!

リニューアルする場合

徹底した現状分析を行う

まずは徹底的に現状分析を行う。「販売数」「原価率」「ロス率」「客単価」「注文点数」などの販売データを整理して、「課題」を洗い出そう。

詳しくは…P.17へGO!!

目標を明確にする

「何のためにリニューアルするのか(=リニューアルの目的)」を明確にする。「客単価を100円上げる」「平均注文点数をもう1品増やす」というように、「明確な目標」を設定する。大幅なリニューアルの場合、メニューブック開発一覧表を作成する。

詳しくは…P.19へGO!!

メニューブックの仕様を決める

メニューブック開発一覧表を作ると、ページ数も確定できるはず。ここで、メニューブックのサイズ、縦横、形状などを決定する。

詳しくは…P.24へGO!!

メニューブックの「ラフ」を作成する

手書きでメニューブックの「ラフ」を作ってみる。机に広げてみると、「どのページにどのカテゴリを配置すべきか」をイメージしやすい。よってPCではなく「手書き」の作成がおすすめ。

写真を撮影する

メニューブックのラフに合わせ、メニューの撮影をする。カメラが得意なら自分で撮ってもよいが、予算的に可能ならばプロに任せたほうがよい。

詳しくは…P.26へGO!!

利用する完成テンプレートを決定する

本書付属DVD-ROMの中から、最もイメージに近い完成テンプレートを選択する。テンプレートをベースに写真を増減したり、タイトル文字、アイコンなどを追加しながらデザインしていこう。

詳しくは…P.33へGO!!

作成したメニューブックを印刷する

メニューブックを印刷する。写真がある場合は、少し光沢のある紙に印刷するとよい。少部数ならば、インクジェットプリンターなどで印刷してよいが、部数が多い場合は、業者に依頼するのもおすすめ。

詳しくは…P.158へGO!!

メニューブックを見直す

メニューブックは定期的な見直しが必要。新規出店であれば、オープン3か月後にはメニュー改定をおすすめする。リニューアルの場合も、少なくとも「2年」を目安にグランドメニューを変更する。その都度課題を解決しながら、よりよいメニューブックにしていこう。

詳しくは…P.25へGO!!

ビフォー＆アフターで見る

Before → パッとしないメニューブック例

- 「お店のこだわり」が伝わらない
- 価格帯がバラバラで見にくい
- おすすめのメニューがどれかわからない
- メニューブックのデザインが全体に単調
- イラストが中途半端。画像の枠の白が出ている

BAD

本書収録素材の活用事例 ❶

After → 本書収録素材を用いたメニューブック例

- 写真を大きく使うことで、看板メニューをわかりやすく
- 「人気NO.1」アイコンを使ってさらに訴求
- 「いち押し」アイコンを使ってその他のおすすめも明示
- 安い順にメニューを並べると選びやすくなる
- 写真の撮影角度は統一
- 木目調の背景でデザイン性が高い
- 「辛さ」を示すアイコンを使えば、辛い度合を表現可能

使っている素材
● 完成テンプレートの原型
ramen 30
● パーツ素材
back107（背景）
icon_karai_3_007（辛いアイコン）
moyou_10_1（背景の模様）
icon_ninki_4_006（人気No.1アイコン）
icon_ichioshi_3_001（いち押しアイコン）

ビフォー＆アフターで見る

Before → パッとしないメニューブック例

書体が読みにくい

メニューが単調で選びにくい

お酒にぴったりな美味しいおつまみを多数ご用意しております。

タコわさび	200 円
殻付き枝豆	200 円
イカの塩辛	230 円
キムチ	250 円
冷奴	200 円
漬物盛り合わせ	350 円
唐揚げ	450 円
軟骨の唐揚げ	300 円
げそカラ	350 円
ポテトフライ	300 円
さつま揚げ	480 円
ソーセージの盛り合わせ	450 円
刺身3種盛り合わせ	780 円
刺身5種盛り合わせ	1,200 円

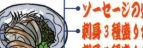

イラストと商品との関連性が低い

BAD

写真がなく、全体的なデザインも単調

様々なカテゴリーのメニューが混在していて見づらい

おすすめ商品や看板メニューがわからない

本書収録素材の活用事例 ❷

After　→ 本書収録素材を用いたメニューブック例

- 写真がアップにトリミングしてあり、美味しそうに見える
- 各種アイコンを効果的に使って補足説明
- 縦書きで和風の雰囲気を演出している

- 「価格が安い順」で並んでおり、見やすく選びやすい
- 「自家製」「手作り」など、ネーミングに工夫がある
- 「揚げ物」と「それ以外」に分けることで、メニューのカテゴリーがわかりやすい

使っている素材
- ●完成テンプレートの原型
- izakaya 35
- ●パーツ
- back67（背景）
- moyou_4_3（タイトル上のアイコン）
- kazari_5_5（背景右下の模様）
- icon_ichioshi_4_006（いち押しアイコン）
- icon_osusume_3_009（おすすめアイコン）
- icon_syun_1_009（旬アイコン）
- icon_hayai_1_009（早いアイコン）
- icon_karai_2_009（辛いアイコン）

11

ビフォー&アフターで見る

Before　➡ パッとしないメニューブック例

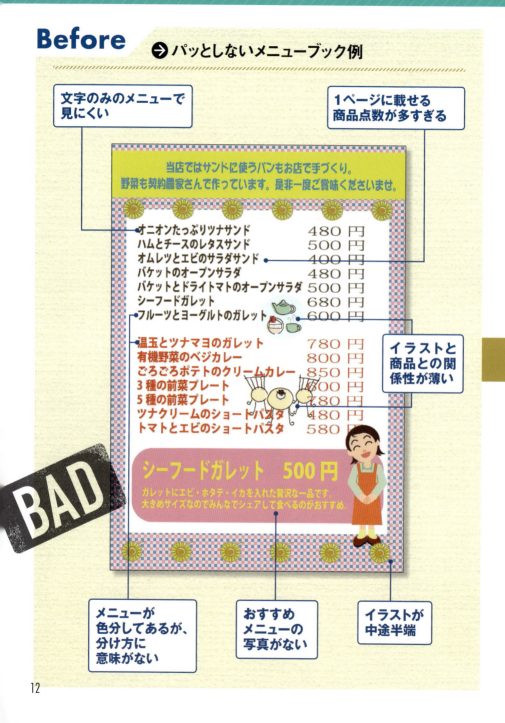

本書収録素材の活用事例 ❸

After → 本書収録素材を用いたメニューブック例

本書内容に関するお問い合わせについて

このたびは翔泳社の書籍をお買い上げいただき、誠にありがとうございます。弊社では、読者の皆様からのお問い合わせに適切に対応させていただくため、以下のガイドラインへのご協力をお願い致しております。下記項目をお読みいただき、手順に従ってお問い合わせください。

●ご質問される前に

弊社Webサイトの「正誤表」をご参照ください。これまでに判明した正誤や追加情報を掲載しています。

　　　正誤表　http://www.shoeisha.co.jp/book/errata/

●ご質問方法

弊社Webサイトの「刊行物Q&A」をご利用ください。

　　　刊行物Q&A　http://www.shoeisha.co.jp/book/qa/

インターネットをご利用でない場合は、FAXまたは郵便にて、下記"翔泳社 愛読者サービスセンター"までお問い合わせください。
電話でのご質問は、お受けしておりません。

●回答について

回答は、ご質問いただいた手段によってご返事申し上げます。ご質問の内容によっては、回答に数日ないしそれ以上の期間を要する場合があります。

●ご質問に際してのご注意

本書の対象を越えるもの、記述個所を特定されないもの、また読者固有の環境に起因するご質問等にはお答えできませんので、予めご了承ください。

●郵便物送付先およびFAX番号

送付先住所　〒160-0006　東京都新宿区舟町5
FAX番号　　03-5362-3818
宛先　　　　（株）翔泳社 愛読者サービスセンター

※本書に記載されたURL等は予告なく変更される場合があります。
※本書の出版にあたっては正確な記述につとめましたが、著者や出版社などのいずれも、本書の内容に対して何らかの保証をするものではなく、内容やサンプルに基づくいかなる運用結果に関してもいっさいの責任を負いません。
※本書に掲載されているサンプル、画面イメージなどは、特定の設定に基づいた環境にて再現される一例です。
※収録データを使用した結果について、著者及び株式会社翔泳社は一切の責任を負いません。お客さまの責任においてご使用ください。
※本書に記載されている会社名、製品名はそれぞれ各社の商標および登録商標です。

Part 1

売上がのびる
メニューブックの
作り方

メニューブックの良し悪しは、飲食店の売上を左右します。
そこで、最初に「売上がのびるメニューブック」を
作るためのアプローチを紹介しておきましょう。

メニューブックを作る前に

実際にメニューブックの素材を利用する前に、
「売上がのびるメニューブック」がどのようなものかを確認しておきましょう。

［ 売上がのびるメニューブックの定義とは？ ］

　まずは、メニューブックの定義について考えてみましょう。そもそもメニューブックとは何なのでしょうか。どんな機能がメニューブックに必要なのでしょうか。メニューブックは、ただ単に「提供できる商品が羅列してあるだけ」のものではありません。

　メニューブックは「お店の顔」です。ですから、メニューブックの形状、内容、デザインなどから、そのお店のこだわりや強み、おすすめの看板メニューが直観的に伝わるようなものであるべきです。

　筆者は、これまで1000店舗を超えるお店のメニューブック作りをお手伝いしてきました。写真撮影、デザインからお手伝いすることもあれば、メニューブックの外側のカバーだけをお手伝いすることもあります。

　職業柄、飲食店に入れば必ずメニューブックを観察しますが、「もったいないなあ……」と感じることが少なくありません。「メニューブックが改善されたら、もっと売上、利益が上がるだろうな」と思うこともたびたびあります。また、実際に、メニューブックを改善して売上が大きくのびた事例を何件も見てきました。

　このように「もったいないメニューブック」は、「失敗しているメニューブック」と言い換えることができます。そして、その対極にあるのが、「売上がのびるメニューブック」です。

　では、「失敗しているメニューブック」とはどんなメニューブックでしょうか。次ページの図1を見てください。ここに示したチェック項目が1つでも当てはまれば、「失敗しているメニューブック」の可能性が高いです。

　こうしたメニューブックの共通点は、「作り手目線」であることです。「作り手の自己満足で出来上がったメニューブック」と言ってもいいでしょう。

　売上がのびるメニューブックにするためには、「お客様にとってどのように見えるか、お客様がどのように感じるか」という視点、つまり「お客様目線」を重視して作成する必要があります。

図1 「失敗しているメニューブック」チェックリスト

- ☐ メニューブックが傷んでいる。もしくは汚れている
- ☐ お店のコンセプトや雰囲気とメニューデザインがマッチしていない
- ☐ お店のこだわりや看板メニューが明確ではない
- ☐ 料理の写真が美味しそうに見えない
- ☐ 見にくく選びにくい。オーダーしにくい

いかがでしょうか。あなたのお店は大丈夫でしょうか。

「メニューブックはお店の顔」と言いましたが、「お店の顔」なわけですから、作成に細心の注意を払うのは当然のことです。では、メニューブック作成時に、具体的にどのような点に注意すべきなのかを見ていきましょう。

メニューブック作成の準備①

●現状分析を徹底的に行うこと

本書の購入を機に、メニューブックをリニューアルしようという方も多いでしょう。その場合は、まず「メニューをリニューアルする目的」を明確にしてください。「メニューが古くなった」「新メニューを加えたい」「売れないメニューを廃止したい」など、動機は様々でしょうが、本質的な目的は、「売上をのばすこと」にあるはずです。ですから、まずは徹底的な現状分析が必要です。

「そんなこと当たり前」と思われる方もいるかもしれませんが、現状分析ができていないお店は、意外と多いものです。「販売数」「原価率」「ロス率」「客単価」「注文点数」など、分析項目を挙げればきりがありませんが、販売データが何を物語っているのかをしっかりと分析するようにしてください。

● 「お値打ち商品」と「おすすめ商品」を考える

　一般的に、レストランの原価率は30％と言われています。それよりも原価率が高いメニューが「お値打ち商品」、それよりも原価率が低いメニューが「おすすめ商品」です。

　原価率と個数、お値打ち商品とおすすめ商品の相関図は図2のようになります。

　お店のコンセプトや業種業態によって原価率や個数の割合は前後しますが、このような仕掛けを十分に理解し、それをメニューブックにうまく反映させなければいけません。

　おすすめ商品は原価率が低いですが、だからと言って「味が落ちてもいい」というわけではありません。おすすめ商品（D、E）もお値打ち商品（A、B）と同様に、美味しいメニューである必要があります。

　また同じ商品、例えば「サラダ」でも、「お値打ち商品のサラダ」「おすすめ商品のサラダ」がメニューブックに載っていることが理想です。

　まずは、データというデータを洗い出して、分析してみましょう。自店のメニュー

図2　お値打ち商品とおすすめ商品

個数の割合				原価率	個数の割合	解説
1割	お値打ち商品	高	A	40%の商品	1	ここの商品を**お値打ち商品**と呼ぶ。競合店と戦う商品。ショーケースに表示、またはメニューブックに表示
2割			B	35%の商品	2	
4割	レギュラー商品	原価	C	30%の商品	4	レギュラー商品
2割			D	25%の商品	2	ここの商品を**おすすめ商品**と呼ぶ。自店として儲かる商品。メニューブックに表示、またはセールストーク
1割	おすすめ商品	低	E	20%の商品	1	

にはA～Eのどのゾーンの商品が多いのか、何をどう修正すべきなのかを知ることが大切です。こうした分析をせずにリニューアルに取り掛かるのは、目的地も決めずに旅行に出かけるのと同じで、まったく意味がないものになりかねません。

● 新店舗の場合のメニューブックの準備

リニューアルではなく、新しくお店を出店するという場合は、過去の販売データがないため、現状分析をすることができません。そこで、後述する「メニューブック開発一覧表」を事前に作成します（P.22参照）。これはどの商品がどのカテゴリーに入るのか、ネーミング、キャッチコピー、売価、原価率などを一覧にしたものです。

ただし、新店舗オープン時は、この一覧表はあくまで仮説に過ぎません。店内のオペレーションや販売数量、価格などは、オープン後の反応を見ながら、早期に調整していくことが必要になります。よって、オープン時は「3か月後にメニュー改定を行うこと」を前提に作成していくことが望ましいです。

メニューブック作成の準備②

● 分析結果から「目標」を立てる

現状分析を終えたら、「どの商品をのばし、どの商品をやめるか」「新商品を何点入れるのか」「価格をどうするのか」「どのくらいの客単価、原価率を目指すか」など、様々なシミュレーションをして「目標」を立てましょう。図4の「目標設定シート」を参照してください。

これらの中でも特に重要なのは「価格」です。

京セラの創業者、稲盛和夫氏の言葉に、「値決めは経営である」という名言があります。この値決めは、経営を大きく左右するだけに、「トップが行うべきもの」と稲盛氏も提言されています。

値決めは、高すぎても低すぎても、原価率が一定でもダメです。お値打ち商品とおすすめ商品も組み合わせながら、最適な価格を決定しなければなりません。最適な原価率や客単価などは、業種業態で違ってきます。よって、自分のお店の最適な価格設定を現状分析から導き出すことが重要です。

設定する目標は、独自のもので構いません。重要なのは、「分析したデータに基づいて目標を設定すること」です。

図3 値決めまでのフロー

　目標を設定したら、後はその目標を達成するように努力するだけです。現状と目標にどれほど差があり、その差を埋めるにはどういう施策をすべきかを考え、日々の店舗運営をしていきましょう。考えてみれば当たり前のことですが、こうしたことをしっかりできているお店の多くは、売上をのばしています。「わかってはいるけど、なかなかできない」……そんなお店が多いのでしょう。

メニューブック作成の準備③

●メニューブック開発一覧表を作成する

　現状分析をして目標設定を行ったら、次はいよいよメニューブックの作成です。しかし、いきなりメニューブックを作り始めてはいけません。その前に、P.22の図5のような、メニューブック開発一覧表を作成しましょう。
　一覧表には、メニューカテゴリー分け、ネーミング、キャッチコピー、売価、原価率、写真撮影の有無、利用する食器などをまとめていきます。
　実は、この作業が完了すれば、メニューブック作成の50％以上が終わったようなものです。逆に、この作業をしっかりせずに先に進むと、修正作業が多くなったり、写真の再撮影が必要になったりとかえって効率が悪くなります。ぜひこのシートを参考に、事前に「メニューブック開発一覧表」を作成してみてください。

図4 目標設定シート（例）

	現状	目標	差
月次売上			
月次原価			
月次利益			
月間来店客数			
月間客単価			
看板メニュー販売数			
看板メニュー売上			
看板メニュー原価率			
新メニュー販売数			
新メニュー売上			
新メニュー原価率			

図5 メニューブック開発一覧表（例）

	カテゴリー	ネーミング	キャッチコピー	価格
1				
2				
3				
4				
5				
6				
7				
8				
9				
10				
11				
12				
13				
14				
15				
16				
17				
18				
19				
20				

目標原価	原価率	量目	ページ	写真有無	備考

メニューブックのサイズは？

●メニューブックはA4サイズが一般的

　メニューブックの大きさは、A4サイズが一般的です。筆者が製作するメニューブックも、80％はA4サイズですし、既製品のメニューブックもA4サイズのものが圧倒的に多いです。

　言い方を変えれば、A4サイズでは「普通過ぎて個性が出せない」と言えるかもしれません。そういう理由から、グランドメニューとドリンクメニューでサイズを変えたり、ベースの色を変えたりするお店も多いようです。

　サイズや色がすべて同じだと、どれに何のメニューが書いてあるかがわかりにくいためです。その点、サイズや色が違えば、どっちが何のメニューブックなのかがわかりやすくなります。

メニューブックの種類はなるべく少なく！

　メニューブックは、何種類くらい準備すべきでしょうか。ざっと挙げるだけでも、以下のようなメニューブックが考えられます。

① グランドメニュー（フードメニュー）
② ドリンクメニュー
③ 季節限定メニュー
④ 日替わりメニュー
⑤ ランチメニュー
⑥ モーニングメニュー
⑦ 宴会メニュー
⑧ コースメニュー
⑨ お子様メニュー
⑩ 外国語メニュー
⑪ テイクアウトメニュー

　結論から言うと、メニューブックの種類は、なるべく少なくしたほうがよいでしょう。種類が増えるということは、お客様がメニューを選びにくくなるということです。基本はグランド（フード）メニューとドリンクメニューの2種類。どうしてもその他のメニューブックを用意したい場合は、ドリンクメニューをグランド（フード）メニューに組み込んでもよいでしょう。

　ランチメニューや季節限定メニューなどは、A4サイズのパウチメニュー（汚れ

防止や防水のために表面保護したメニュー）で対応します。テーブルに何種類ものメニューブックが置いてある状態は避けるようにしてください。

メニューブックの賞味期限

● 「2年」を目安にグランドメニューの変更を！

　近年は、メニューブックをリニューアルする間隔が短くなる傾向があります。大手の居酒屋チェーン、飲食店などの多くは、春と秋にグランドメニューを一新します。また、定番メニューは残しつつ、新メニューを追加する形で、メニューの形状から変更する場合もあります。

　とはいえ、小規模の飲食店が、1年に2度もグランドメニューを変更するのは、時間的にも、コスト的にも厳しいでしょう。

　そこで、そうした店舗では、「2年」を目安に、グランドメニューを変えるようにしてください。その間は、季節限定メニューをうまく織り交ぜて、お客様を飽きさせないようにするとよいでしょう。言い方を変えれば、飲食店のオーナーや店長は、「グランドメニューは2年で変える」と決めて、常に新メニュー開発を意識していかなければなりません。

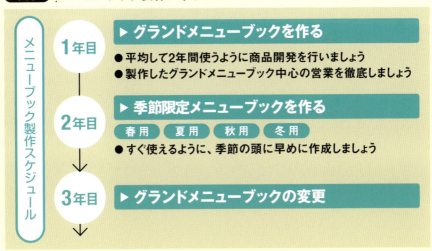

図6　メニューブック製作スケジュール

メニューブックの写真

●予算が許すならプロの手で撮影を！

　メニューブックに写真を使うかどうか、また使う場合にどの商品の写真を載せるかどうかも、重要な検討課題です。

　まずは、そもそも写真が必要なメニューかどうかを考えてみましょう。メニュー名を見て容易に商品を想像できるものであれば、写真は必要ありません。すなわち、一般的な商品なら、写真はいらないということです。

　一方、新しい食材や新しい調理方法を用いた商品、言い換えれば「看板メニュー」や「オリジナルメニュー」には写真が必要です。もちろん、メニュー名から商品を想像できない場合も、写真を使うべきです。

　例えば、和食店の「喜び御膳」というメニューの場合を考えてみましょう。この商品名からは、実際の料理の想像がつきません。文章で説明しようとしても、文字が多くなればなるほど、お客様は読まないものなのです。「百聞は一見に如かず」ではないですが、こういうときに写真が役に立つのです。

　また、次に気になるのが、「写真を自分で撮影するか、プロに頼むか」という問題でしょう。

　プロに頼めばコストはかかりますが、品質は安心です。一方、自分で撮影すれば、コストは抑えられますが、品質に不安が残ります。

　筆者は、予算的に可能であるならば、プロに頼むべきだと思います。コストはかかりますが、良質な写真（美味しそうに見える写真）を使うことは、売上の向上につながるからです。

「看板メニュー」の考え方

●お店の「ウリ」となるメニューは必須！

　メニューブックを作成する際、お店の「ウリ」となる看板メニューを明確に打ち出すことは、とても重要です。

　看板メニューは、いわばお店の目玉です。よって、美味しそうに見える写真を使ったりして、メニューの魅力をわかりやすく表現しなければなりません。また、その

メニューの特徴（ウリ）が何なのかも文章で補足する必要があるでしょう。
　例として、「コク旨豚骨ラーメン」が看板メニューの場合のメニューブック例を図7に示します。

図7　看板メニューの見せ方（例）

図7では、看板メニューのコク旨豚骨ラーメンの写真を大きく掲載しています。そしてキャプションに「旨さの秘密」として、「自家製チャーシュー」「こだわりのスープ」「こだわりの自家製麺」と3つのポイントを挙げています。

　そして、看板メニューとセットで頼んで欲しい商品（チャーハン、カニ玉、手羽盛り）を3つ、同じ大きさで均等に配置しています。

　このメニューブックを見れば、来店するお客様は、このお店のウリが「コク旨豚骨ラーメン」であることが一目でわかります。当然、多くのお客様の注文を期待できるでしょう。また、看板メニューだけでなく、セットメニューもオーダーしやすくなります。

　「看板メニューを明確に打ち出す」というのはこういうことなのです。

メニューのネーミング

●「食材」「調理方法」「味」を入れよう

　メニューの「ネーミング」も重要な要素です。ネーミングの基本は、「わかりやすいこと」が第一ですが、その他のポイントとして、「使っている食材」「調理方法」「味」を入れるのがコツです。

　「ネーミング」と「商品の分類」は大いに関係があります。食材別の分類なら、調理方法や味を入れたネーミングでOKでしょう。調理方法別の分類なら、食材と味を入れたネーミングになります。

　例えば、「野菜サラダ」という商品を「とれたて野菜の新鮮サラダ」という名前にしたところ、売上が上がったという例もあります。

　逆の例として、大衆的な低価格レストランで「豪華〇〇〇」という商品名にしたところ、「豪華でなくてよい」というお客様の声が多くあり、普通に戻したという事例もあります。

　このように、メニューのネーミングには、細心の注意が必要になります。安直に付けるのではなく、「ネーミングは売上を左右する要素である」ということを認識して、名前を決めていくことが重要です。

　また、ネーミングに対する説明文が必要な場合があります。例えば「新鮮野菜を使った」というネーミングの商品なら、「どこが新鮮なのか」という説明文を付ける場合などがそれに該当します。

> **注意** 説明文は手短に
>
> 説明文が長くなると、お客様は読んでくれないので要注意。

メニュー点数はどのくらいが適正？

● 点数は少なければ少ないほどよい

どのくらいの数のメニューを準備するかも、考えどころです。理想を言えば、商品数は少なければ少ないほどよいです。

例えば、マクドナルドやケンタッキーフライドチキンなどのファストフードチェーンは、決してメニュー数は多くありませんが、少数精鋭の商品で世界的企業まで発展しました。

大切なのは、「メニューの点数」ではなく、「そのお店のオリジナリティ」です。誰にでも作れ、どこにでもあるもので、かつそのお店のオリジナリティを出せることがベストです。

メニュー点数が多いお店は、苦戦している場合が多いように感じられます。「売れていないお店」は、商品の数を増やす傾向があります。暇なぶん、点数が増えても対応できることも、理由の1つかもしれません。

究極の理想は「1つのメニュー」で営業できることですが、当然ながら、現実的には「1つのメニューで勝負」というのは難しいでしょう。

そこで、「一食材・多料理」をおすすめします。一食材・多料理とは、1つの食材で、それを、「煮る」「蒸す」「炒める」「焼く」「揚げる」などの異なる方法、異なる味付けで調理するものです。これなら、一定のメニュー数を確保しても、食材が少なく済むというメリットがあります。

> **HINT** 日替わりランチの狙い
>
> 日替わりランチというメニューは、「来店頻度月31回」を狙ったもの。よって、価格も毎日支払える額に設定してある。メニュー数も最大で31種類あり、これを「日替わり」という言葉で表していることになる。

図8 一食材・多料理

1つの食材を異なる方法・味付けで調理する

外国語のメニューブック

●まずは英語メニューを用意しよう

　2014年、来日外国人観光客は1300万人を超えました。特に観光地にお店を構えているなら、新たな顧客として外国人観光客も積極的に狙っていくべきです。

　外国人にとって、日本の飲食店で最も不満を感じる点は、外国語メニューブックがないことです。あらゆる言語の中でも、日本語は特に難解です。平仮名あり、漢字あり、カタカナありで、世界中を見渡しても、3種類の文字がある国は日本だけです。このような文字でできたメニューブックは、外国人にとってはとても見づらいものであることは、容易に想像できます。たとえ日本語が話せる方でも、メニューブックが読めないため、小さな飲食店には入りづらいのが現状です。

　しかし、日本料理は外国人に絶大な人気があります。そんな外国人客を逃すのは、非常にもったいないことです。ぜひ外国語メニューブックを作って、売上を向上させてください。

　外国語メニューブックは、とりあえず「英語」のメニューから用意するとよいでしょう。この場合、日本語のグランドメニューをそのまま翻訳するだけでなく、た

図9 外国語メニューにも挑戦を!

とえページ数が増えても、写真をたくさん載せましょう。言葉がわからなくても写真を指差して注文するケースが多いからです。

また、メニューを翻訳する会社の選定も注意が必要です。できれば、メニューブックの翻訳の経験が豊富な会社に依頼するのがよいでしょう。

英語で表現しにくい日本語メニューは多数あります。翻訳の仕方で、メニューの内容が伝わりにくい可能性もあります。そういった意味でも、写真の掲載は必須なのです。

店頭の看板や垂れ幕を作る

● 店頭の看板や垂れ幕は都市部で効果的！

飲食店によっては、店頭の看板でメニューを表示しているケースもあります。置き看板（スタンド看板）、垂れ幕（タペストリー）、ポスターなどを見たことがあるでしょう。これらは、メニューブックよりも重要な可能性があります。

都市型店舗の場合は、特に重要です。店舗の前を歩いていて、ふらっと入ってくるお客様は、大抵の場合、この店頭の看板やポスターなどを見て入ってくるものです。これらを見直しただけで売上が向上した事例は、非常にたくさんあります。

もし、すでに看板や垂れ幕でメニューを出している方は、メニューブックの見直しと同時に、これらも見直しましょう。ポイントは、「そのお店は何を食べられるお店なのか？ 看板メニューは何か？」が一目でわかるようにすることです。

また、もしまだ利用していない場合、予算が許すのであれば、ぜひ挑戦してみてください。

［本書のメニューブック素材を生かそう！］

●付属DVDには素材が満載！

ここまで、「売上がのびるメニューブック」について解説してきました。

中には、「メニューブックを作り直したいけど、予算や時間がない」という方もいるでしょう。

そんな方に役立つのが、本書付属のDVDに収録した素材です。1000店舗を超える飲食店のメニューブックを作成してきた経験をもとに、筆者が独自に作成したメニューブック素材が多数収録されています。

「デザインの質」には徹底的にこだわりましたので、きっと役立つ素材が見つかるはずです。

また、収録したメニューブックの業種も、居酒屋、ラーメン、中華料理、焼肉、カフェ、洋食、イタリアン、フレンチ、寿司、うどん・そば、お好み焼き、割烹等々、多岐にわたります。

完成テンプレートはすべて「Word形式」にしています。メニュー名のみ書き換え、そのまま印刷して利用することもできますが、自店のニーズに合わせ、簡単にカスタマイズすることも可能です。

完成テンプレート以外に、アイコンやイラストなどのパーツ素材も多数収録していますから、必要に応じてこちらもご利用ください。

次章から、本書の収録素材をカタログ的に紹介していますので、ぜひ好みの素材を探してみてください。

Part **2**

メニューブック素材カタログ

完成テンプレート

居酒屋 …… P.34	寿司 …… P.58	お酒（ドリンク）… P.77
バー …… P.38	定食 …… P.60	日替わり …… P.78
カフェ …… P.40	タイ料理 …… P.62	セット …… P.79
カレー …… P.44	うどん・そば …… P.64	限定 …… P.80
フレンチ …… P.46	割烹 …… P.66	曜日別 …… P.81
イタリアン …… P.49	中華 …… P.68	和食（英語）…… P.82
お好み焼き … P.52	洋食 …… P.72	中華（英語）…… P.83
ラーメン …… P.54	焼肉 …… P.74	洋食（英語）…… P.84

パーツ素材

デコレーション …… P.85
アイコン …… P.90
イラスト …… P.99
タイトル …… P.103
背景 …… P.132

Kansei → 01 Izakaya

01 [完成テンプレート] 居酒屋

POINT 写真はアップで表示
写真は、商品全体ではなく、なるべく寄ってアップで撮影するか、トリミングすると、メニューが美味しそうに見える
詳しくは…P.157へGO!!

izakaya 01

POINT アイコンを活用する
お店のおすすめメニューや人気メニューには、アイコンを付けて訴求するとよい
詳しくは…P.94、P.96へGO!!

POINT イメージに合った背景を
お店の雰囲気やイメージに合った背景や帯などを選ぶ

Other Page

izakaya 02

izakaya 03

izakaya 04

Variation

izakaya 10

izakaya 9

izakaya 11

izakaya 12

Variation

izakaya 17

izakaya 18

izakaya 19

izakaya 20

Kansei → 01 Izakaya

Variation

izakaya 27

izakaya 25

izakaya 26

izakaya 28

> **HINT** 写真の掲載点数
>
> 看板メニューや今後売っていきたいメニューは優先的に写真を載せる。また、左右のページで偏りがないよう、常に見開きの状態で写真点数やバランスを確認しながら進めることが重要です。

Variation

izakaya 34

izakaya 33

izakaya 36

izakaya 35

Variation

izakaya 39

izakaya 37

izakaya 38

izakaya 40

> **HINT** フチなし印刷の設定
>
> メニューを印刷する際は、「フチなし印刷」に設定しておくと、メニューの縁に余白が入らずに済む。
>
> 詳しくは…P.159へGO!!

Variation

izakaya 46

izakaya 45

izakaya 47

izakaya 48

ほか多数収録!!

完成テンプレート 01 居酒屋

Kansei → 02 Bar

02 ［完成テンプレート］バー

bar 01

POINT　お店のこだわり
メニュータイトルの下には、お店のこだわりや特徴や入れる

POINT　用紙の選択
黒など濃い色の背景のメニューは、「光沢系」の用紙を使うと発色がよい

POINT　おすすめ商品は写真を
メニュー名からイメージできる商品の写真は不要。「そのお店ならでは」の商品写真を優先して載せる

Other Page

bar 02

bar 03

bar 04

Variation

bar 06

bar 05

bar 07

bar 08

完成テンプレート **02** バー

Variation

bar 11

bar 10

bar 12

bar 09

> **HINT メニューのサイズ**
>
> 本書収録テンプレートは、A4サイズで作成しているが、プリンタの設定でB5サイズにも変更可能。縮小率を86％で印刷するか、印刷時に用紙を「B5」に変更するだけで用紙サイズを変更できる。

Kansei → 03 Cafe

03 [完成テンプレート] カフェ

POINT
カフェの雰囲気を表現
カフェらしさを出すには、暗い写真・背景はNG。明るさ、楽しさを表現する

cafe 02

POINT
看板メニューは大きく
お店の「看板メニュー」や「おすすめメニュー」は、他の写真付きメニューより大きくするのも手

POINT
商品のネーミング
メニュー名をユニークなネーミングにすることも、カフェらしさを出す大切なポイント

Other Page

cafe 01

cafe 03

cafe 04

Variation

cafe 05

cafe 06

cafe 07

cafe 08

03 カフェ 完成テンプレート

Variation

cafe 10

cafe 09

cafe 11

> **注意 外枠に注意**
> クリアタイプのメニューブックに差し込みで使う場合など、メニューブックの形状によっては「外枠」が見えなくなる可能性があるので、注意が必要。

Kansei → 03 Cafe

Variation

cafe 13

cafe 12

cafe 14

cafe 15

Variation

cafe 16

cafe 17

cafe 18

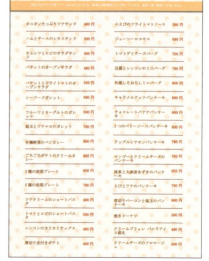
cafe 19

注意 色使いはシンプルに

メニューブックに使う色が多すぎると、むしろ見にくくなり逆効果となる。

Part 2 完成テンプレート

Variation

cafe 20

cafe 21

完成テンプレート 03 カフェ

cafe 22

cafe 23

HINT　クオリティの高いメニューブックの共通点

クオリティの高いメニューブックには、いくつかの共通点がある。まず1つは写真。カメラの腕に自信のある方は別だが、そうでないなら多少コストをかけてでもプロのカメラマンに依頼することをおすすめする。たとえデザインがよくても、「写真の質が悪いメニューブック」によいものはない。なおクオリティの高い写真は、堂々と大きく使えるため、1ページに1つの商品のみというページがあっても面白い。

また、「そのお店の特徴」が伝わるのも、よいメニューブックのポイント。キャッチコピーやネーミングでお店のこだわりや特徴を表現し、そのお店らしさを打ち出すことが重要になる。

注意　表示するメニューの順序

どんな順序でメニューを構成していくのかは悩ましいところだが、避けてほしいのは、「価格の高い順」に並べたり、高いメニューばかり写真があるケース。「より高いものを売りたい」という気持ちはわかるが、これは「お客様目線」でなく「作り手目線」のためNG。「価格の安いもの」から掲載するのが基本だが、すべてそうする必要はなく、例えば「お値打ちメニュー」や「プレミアムメニュー」として分けてあると、お客様は選びやすく、「お客様目線」のメニューブックとなる。安いもの高いものがランダムで並んでいると、お客様が選びにくいので、注意が必要。

Kansei → 04 Curry

04 [完成テンプレート] カレー

POINT 背景にイメージ写真
本テンプレートのように、背景にイメージ写真を薄く入れると、メニューブックのデザイン性が高まる

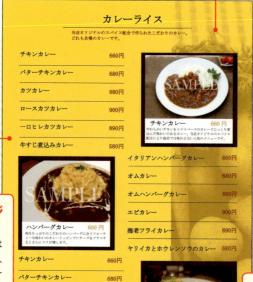

curry 03

POINT 料理のイメージカラーを使う
カレーのイメージは黄色。このように、イメージとメニューブックの色調を統一するのもポイント

POINT 写真を枠で囲む
写真を濃い色の枠で囲むことで、メニューブックに「締まり」が出る

Other Page

curry 01

curry 02

curry 04

(Variation)

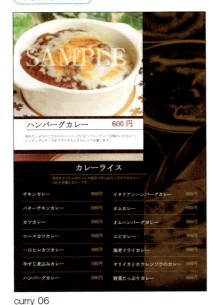

curry 06

curry 05

curry 07

curry 08

完成テンプレート **04** カレー

(Variation)

curry 09

curry 10

curry 11

curry 12

HINT　メニュー点数が少ない場合

カレー専門店は、メニュー点数が少ない場合が多い。そういう場合は、サイズをB4やA3の1枚ものにして、シンプルに仕上げる方法もある。印刷後、ラミネート加工などをすれば、十分な仕上がりになる。

05 [完成テンプレート] フレンチ

POINT センター揃えで配置
メニューのテキストをセンター揃えで配置することで、メニューブックの雰囲気が変わる

french 01

POINT シンプルな背景
フレンチでは、派手な色の背景は使わないほうがよい

POINT 写真を小さめにする
写真をあえて小さく使うことで、メニュー全体のデザイン性が高まるという効果がある

Other Page

french 02

french 03

french 04

Variation

french 06

french 05

french 07

french 08

完成テンプレート **05** フレンチ

Variation

french 09

french 10

french 11

french 12

HINT 「余白」もデザイン

フレンチなど客単価の高い業態のメニューブックは、あえてシンプルなデザインにすると、品のあるものに仕上がる。

Kansei → 05 French

Variation

french 13

french 14

french 15

french 16

Variation

french 17

french 18

french 20

french 19

06 [完成テンプレート] イタリアン

POINT 国旗を使う
帯などに「国旗」を使うことで、一目で「イタリアン」をイメージできる

italian 01

POINT 食欲をそそる写真を
パスタはフォークでリフトアップすると、写真に動きが出て「食欲」をそそる

POINT 辛いメニューにはマーク
辛いのが苦手な方のために、「辛い」マークを入れるのもよい
詳しくは…P.93へGO!!

Other Page

italian 02

italian 03

italian 04

Kansei → 06 Italian

Part 2 完成テンプレート

Variation

italian 06

italian 05

italian 07

italian 08

Variation

italian 13

italian 14

italian 15

italian 16

Variation

italian 17

italian 19

italian 20

完成テンプレート 06 イタリアン

> **注意 提供時間が長くなる場合**
>
> オーダーを受けてからパスタを茹でたり、ピザを焼いたりするなど、商品の提供に時間がかかる場合、その旨をメニューブックに記載しよう。

italian 18

Variation

italian 21

italian 23

italian 24

italian 22

> **HINT 味でカテゴリー分け**
>
> パスタ専門店で商品点数が多い場合は、トマトソース、ホワイトソース、オリジナルソースなどと、味でカテゴリー分けするとよい。

51

Kansei → 07 Okonomiyaki

07 ［完成テンプレート］お好み焼き

POINT 写真に工夫を
看板メニューは大きく。あえてお好み焼きの断面を見せるような写真を使うのも、迫力が出てよい

okonomiyaki 02

POINT 似た写真の並列は不要
お好み焼きは、見た目でメニューの差が出し難い。よって、写真は無理に入れなくても可

Other Page

okonomiyaki 01

okonomiyaki 03

okonomiyaki 04

Variation

okonomiyaki 05

okonomiyaki 06

okonomiyaki 07

okonomiyaki 08

完成テンプレート 07 お好み焼き

Variation

okonomiyaki 09

okonomiyaki 10

okonomiyaki 11

okonomiyaki 12

注意 熱に注意

鉄板を扱う業態は、熱でメニューブックの劣化が早い。そこで、メニューブックには耐熱性のある素材を使うのがおすすめ。

53

Kansei → 08 Ramen

08 [完成テンプレート] ラーメン

POINT
スープの味を表示する
ラーメン屋の場合は、とんこつ、味噌、醤油、塩など、スープの味を表示する

ramen 01

POINT
麺の太さを表示する
もし細麺、太麺など麺の太さが複数ある場合は、その旨を記載するなど、わかりやすい表示が必要

POINT
写真の角度を統一する
写真に使うラーメンの器の方向、角度は統一するとよい

Other Page

ramen 02

ramen 03

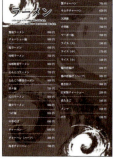

ramen 04

Variation

ramen 05

ramen 06

ramen 07

ramen 08

完成テンプレート **08** ラーメン

Variation

ramen 13

ramen 14

ramen 15

ramen 16

HINT 客単価を上げるために

ラーメンの他に餃子やライスのオーダーをもらって客単価を上げたいならば、セットメニューを作って訴求しよう。

詳しくは…P.79へGO!!

Kansei → 08 Ramen

Variation

ramen 21

ramen 22

ramen 23

ramen 24

Variation

ramen 25

ramen 26

ramen 27

ramen 28

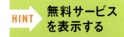

HINT　無料サービスを表示する

麺やご飯の大盛りが無料になるならば、そちらも大きく目立つように表示しよう。

Variation

ramen 29

ramen 31

とんこつラーメン

豚骨をじっくりと炊き出した濃厚なスープがストレートの細麺によく絡みます。麺の硬さをお選びいただけます。

750 円

ラーメン

こだわりのオリジナル麺を使用しております。
スープによって3種の麺から一番合うものをご提供します。

醤油ラーメン	680 円	激辛ラーメン	800 円
チャーシュー麺	880 円	つけ麺	850 円
塩ラーメン	680 円	中華そば	680 円
味噌ラーメン	750 円	チャーハン	600 円
味噌野菜ラーメン	800 円	チャーハン（ハーフ）	300 円
とんこつラーメン	750 円	海老チャーハン	700 円
とんこつ醤油ラーメン	800 円	蟹チャーハン	700 円
担々麺	800 円	キムチチャーハン	650 円
五目ラーメン	800 円	天津飯	700 円

ramen 30

ramen 32

Variation

ramen 33

HINT
限定メニューは別にする

冷やし中華など季節／期間限定のメニューは、グランドメニューには入れずに別メニューで訴求しよう。

詳しくは…P.80へGO!!

ramen 34

ramen 35

ラーメン

こだわりのオリジナル麺を使用しております。
※スープによって3種の麺から一番合うものをご提供します。

醤油ラーメン	680 円	蟹チャーハン	700 円
チャーシュー麺	880 円	キムチチャーハン	650 円
塩ラーメン	680 円	天津飯	700 円
味噌ラーメン	750 円	中華飯	780 円
味噌野菜ラーメン	800 円	マーボー飯	700 円
とんこつラーメン	750 円	ライス（大）	190 円
とんこつ醤油ラーメン	800 円	ライス（中）	170 円
担々麺	800 円	ライス（小）	120 円
五目ラーメン	850 円	鶏の唐揚げ	830 円
激辛ラーメン	800 円	鶏の唐揚げ（ハーフ）	500 円
つけ麺	850 円	焼き餃子	360 円
中華そば	680 円		
チャーハン	600 円		
チャーハン（ハーフ）	300 円		
海老チャーハン	700 円		

ramen 36

ほか多数収録!!

Kansei → 09 Sushi

09 ［完成テンプレート］寿司

sushi 01

POINT 「こだわり」を表示する
米の産地、醤油の製法など、そのお店の「こだわり」を表示するとよい

POINT 「丼もの」は寄りで撮る
丼ものは、丼全体を見せる必要はなく、鮮度がわかるぐらい寄った写真にする

POINT 可能なら英語メニューも
寿司は外国人にも大人気。可能ならば英語を併記するか、英語メニューを別途用意する

詳しくは…P.82へGO!!

Other Page

sushi 02

sushi 03

sushi 04

Variation

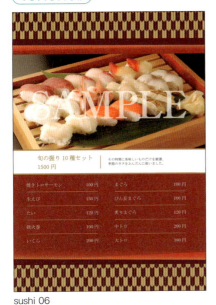
sushi 06

sushi 05

sushi 07

sushi 08

完成テンプレート **09** 寿司

Variation

sushi 09

sushi 10

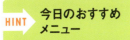
HINT 今日のおすすめメニュー

寿司は季節や仕入れ状況でメニューが変わるため、その日のおすすめメニューは手書きで作るとよい。黒板などを活用するのも手。

sushi 12

sushi 11

Kansei → 10 Teishoku

10 [完成テンプレート] 定食

POINT
「お得感」の表現
可能なら「ご飯の大盛り無料」とか「キャベツ食べ放題」などのサービスを実施し、お得感を出したい

teishoku 03

POINT
食材の産地を入れる
産地を入れることができれば、お客様に「安心感」を与えることができる

POINT
ボリュームのある写真を使う
品数豊富、ボリューム感が伝わる写真を使いたい。撮影はプロへの依頼を推奨する

詳しくは…P.26へGO!!

Other Page

teishoku 01

teishoku 02

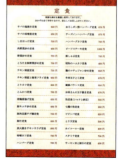

teishoku 04

Variation

teishoku 05

teishoku 06

teishoku 07

teishoku 08

Variation

teishoku 09

teishoku 10

teishoku 11

teishoku 12

注意 アレルギー表示について

飲食店にアレルギー表示は義務付けられていないが、メニューブックのどこかにアレルギーに対する考えが表示されているとなおよい。

完成テンプレート ⑩ 定食

Kansei → 11 Thai

11 ［完成テンプレート］ タイ料理

POINT 文化を伝える
タイの文化を表現したデザイン。タイ料理の食べ方などが記載されていてもよい

thai 02

POINT 看板メニューを大きく表示
この部分のみ背景を変えて、訴求力を上げている

POINT タイの定番料理
タイの定番料理は、アイコンやキャッチコピーでわかりやすく表現したい

Other Page

thai 01

thai 03

thai 04

Variation

thai 05

thai 07

thai 06

thai 08

完成テンプレート ⑪ タイ料理

Variation

thai 09

thai 10

thai 11

thai 12

HINT 本格タイ料理コース

本場さながらのタイ料理を味わってもらうコース料理もラインナップしたい。コースは、料理の種類や価格別に数種類は用意しよう。

Kansei → 12 Udon

12 [完成テンプレート] うどん・そば

POINT 和風のテイスト
うどん・そばなので、メニューブックも和風のテイスト

udon 03

POINT 「こだわり」を表現
全材料、製麺方法に対するこだわりは、目立つ場所で表現したい

POINT 温・冷の表示
うどん・そばともに、温かい、冷たいが選べる場合は、アイコンなどを用いて一目でわかるようにする

詳しくは…P.95へGO!!

Other Page

udon 01

udon 02

udon 04

Variation

udon 06

udon 05

udon 07

udon 08

完成テンプレート ⑫ うどん・そば

Variation

udon 09

udon 10

udon 11

udon 12

注意 アレルギー表示について

うどん、そばを同じ釜で茹でている場合は、そばアレルギーのお客様にわかるよう、メニューにも表示しておくとよい。

Kansei → 13 Kappo

13 ［完成テンプレート］割烹

kappo 02

POINT 思い切ったトリミング
このように、アップの写真を縦長にトリミングすると、変わった雰囲気が出る
詳しくは…P.157へGO!!

POINT 旬の料理
季節によって具材が変わるメニューは、メニューブックを通年で使えるようネーミングを工夫する

POINT 暖色の背景
暖色系の色は、優しそうで暖かみを感じさせる。食欲の増進効果もある

Other Page

kappo 01

kappo 03

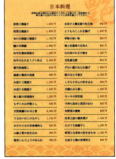
kappo 04

Variation

kappo 05

kappo 06

ほか多数収録!!

HINT 消費税の表示について

かつては消費税を含む総額表示が義務付けられていたが、2015年現在では、経過措置により税抜き表示も可能になっている。しかし、税抜き表示が認められているからといって、お客様が誤解してしまうような表示はNG。税抜きなのか税込みなのか、お客様が一目見てわかるようにしておく必要がある。税抜き表示の場合、「○○円（税抜）」「○○円（税抜価格）」「○○円（税別）」「○○円（税別価格）」「○○円＋税」「○○円＋消費税」などの表記が一般的。

注意 フォントの選び方

日本語のフォント（書体）を大きく分けると「ゴシック体」と「明朝体」がある。同じフォントで作成すると、単調なメニューブックになってしまう。どれが正解というのはないが、「メニューの見出しやタイトル」は太めのゴシック体、「商品の説明やキャッチコピー」は明朝体を使うと、見やすいメニューブックに仕上がる。昨今はWebサイトで無料のフォントを簡単に入手することも可能。手書き風のフォントを見出しやタイトルに使うと、一気にプロっぽい雰囲気を出せる。ただし、特徴のある書体をメニューの品名やキャッチコピーに使うと、「読みにくい」メニューブックになるので注意が必要。

Kansei → 14 Chuka

14 [完成テンプレート] 中華

POINT カテゴリーでページ分け
「麺類」「ご飯類」「一品料理」など、カテゴリーでページを分けるとよい

chuka 01

POINT セットメニューはわかりやすく
一品料理に麺類などが付くセットメニューは、価格などをわかりやすく表示する
詳しくは…P.79へGO!!

POINT 写真の色彩
写真は色取りにも留意する。緑（ピーマン）や赤・黄（パプリカ）など、鮮やかな色が入ると見た目もよくなる

Other Page

chuka 02

chuka 03

chuka 04

Variation

chuka 05

chuka 06

chuka 08

chuka 07

完成テンプレート **⑭** 中華

Variation

chuka 13

chuka 15

chuka 14

chuka 16

注意 商品点数に注意

中華料理は料理点数が多くなりがちなので注意する。また写真の点数も考慮して、メニューブックのページ数を決めよう。

Kansei → 14 Chuka

Variation

chuka 17

chuka 18

chuka 20

chuka 19

Variation

chuka 21

chuka 23

chuka 24

chuka 22

HINT ランチメニュー

ランチタイムは、店内のオペレーションの都合上、グランドメニューの提供を避け、数点に絞ったランチメニューを作成するとよい。

Variation

chuka 26

chuka 25

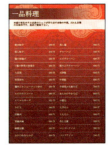

chuka 27

chuka 28

Variation

chuka 29

chuka 30

chuka 31

chuka 32

HINT　赤のメニューブックが人気

中華料理は、赤系のメニューブックが人気。クリアタイプのメニューブックを使えば、差し替えも可能。

完成テンプレート ⑭ 中華

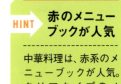
ほか多数収録!!

71

Kansei → 15 Youshoku

15 [完成テンプレート] 洋食

POINT 明るい背景を使う
洋食は、フレンチと同様に、暗い背景のものより明るい色の背景を選ぶ

youshoku 02

POINT 訴求ポイントを絞る
「10時間煮込んだシチュー」や「契約農家直送」など、訴求ポイントを絞るのがポイント

Other Page

youshoku 01

youshoku 03

youshoku 04

Variation

youshoku 07

youshoku 05

youshoku 06

youshoku 08

完成テンプレート 15 洋食

HINT 限定メニューでプレミアム感を

手作りハンバーグやロールキャベツなどのメニューをあえて「数量限定」とすると、プレミアム感が出る。日本人は、「限定」に弱く、オーダーが増える傾向がある。また、数量を限定することで、ロス率をコントロールしやすく原価も抑えられる。あるいは、看板メニューを数量限定にしてもよい。「期間限定」のメニューブックは、グランドメニューとは別で展開しよう。

詳しくは…P.80へGO!!

注意 昼と夜の回転率について

洋食業態は、他の業態に比べて店内での滞在時間が長い傾向がある。これは食事をした後、デザートとドリンクを飲みながらゆっくりと友人や家族との会話を楽しむ人が多いからだろう。注意が必要なのは、ランチタイムである。滞在時間が長くなると店の回転率は鈍り、店内が満席であれば、ウェイティングの時間が長くなる。そうした工夫から、ランチドリンクの価格設定や13時以降に無料サービスとするなど、ラインタイムの回転率を向上させる工夫が必要となる。

Kansei → 16 Yakiniku

16 ［完成テンプレート］焼肉

POINT おすすめメニューを明示
必要に応じてキャッチコピーを付け、おすすめメニューをわかりやすくしよう

POINT 味付けも表示
「タレ」「塩」など味付けを選択できるメニューは、商品名に表示する

POINT 肉の色に注意
肉の写真には要注意。肉の赤が暗いと美味しそうに見えないので、なるべく鮮やかな色に

yakiniku 01

Other Page

yakiniku 02

yakiniku 03

yakiniku 04

Variation

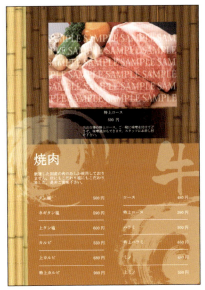

yakiniku 10

yakiniku 09

yakiniku 11

yakiniku 12

完成テンプレート **16** 焼肉

Variation

yakiniku 13

yakiniku 15

yakiniku 14

産地表示

産地表示に注意

偽装表示は、お客様の信頼を失うばかりではなく、お店そのものがなくなる可能性もある。産地表示する場合は、細心の注意が必要。

Kansei → 16 Yakiniku

Variation

yakiniku 20

yakiniku 17

yakiniku 18

yakiniku 19

Variation

yakiniku 21

yakiniku 22

yakiniku 23

yakiniku 24

HINT 熱対策

焼肉業態は、メニューブックに熱対策が必要。耐熱仕様にしたり、メニューブックの設置方法を工夫すると長持ちする。

ほか多数収録!!

Kansei → 17 Drink

17 [完成テンプレート] お酒（ドリンク）メニュー

POINT 業態に合わせて背景を選択
業種業態やお店の雰囲気に合った背景を選択する

POINT お酒の種類で分ける
ビール、焼酎、日本酒、ワイン、ソフトドリンクなど、種類で分けるとわかりやすい

drink 02

POINT 価格帯を揃える
一括で、「ソフトドリンク各種○○円」という表記にするのも手

Variation

drink 01

HINT ドリンクメニューとグランドメニューを分ける
一概には言えないが、アルコールを扱う業態ではグランドメニュー（フードメニュー）とドリンクメニューは分けて作成しよう。取り扱うアルコールの種類が多いならば、確実に分けたほうがよい。

Kansei → 18 Higawari

18 [完成テンプレート] 日替わりメニュー

POINT 毎日替える
同じフォーマットでよいので、毎日メニューブックを替えるのがポイント

POINT 多くても3点まで
大きく目立つように表示するため、おすすめメニューは多くても3点までにする

POINT 書体を変える
メニューブックのタイトルとメニュー名は、書体を変えると双方が目立つ

本日のおすすめ
12/31 日曜日

旬 旬の天ぷら三種盛り
野菜三種・魚一種の贅沢な盛り合わせです。抹茶・梅・岩塩3種の塩をご用意しております。
特別価格 1000円

旬 和牛のたたきミゾレ和え
国産牛を贅沢にたたきにしました。さっぱりとミゾレをかけてお召し上がりください。
特別価格 1500円

higawari washoku 02

Variation

higawari chuka 01

higawari yoshoku 03

HINT 店頭にも設置する
本日のおすすめメニューは、A3など大きめの紙に印刷して、店頭にも設置したい。

Kansei → 19 Set

19 [完成テンプレート] セットメニュー

POINT ランチメニューでも可
セットメニューは、タイトルを「ランチメニュー」にして使ってもよい

POINT 商品の説明
「Aセット」だけでは不親切なので、セットの内容がわかりやすいメニュー名も付ける

POINT 注文しやすい工夫を
「Aセット」「Bセット」「Cセット」のように、注文しやすいセット名を付ける

set chuka 01

完成テンプレート
18 日替わりメニュー
19 セットメニュー

Variation

set washoku 02

set youshoku 03

HINT 写真の大小について
セット内容をすべて同列として写真の大きさを揃えるか、大小を付けるかは戦略次第。写真が大きいほうが訴求度が上がるが、価格設定によっては注文が出ないメニューになる可能性もある。

79

Kansei → 20 Gentei

20 [完成テンプレート] 限定メニュー

POINT
ラミネート加工を
A4サイズで印刷後、ラミネート加工をして仕上げると訴求力が増す。サイズは大きくても可

POINT
写真は大きく使う
全体の半分より少し大きいサイズで写真を使うと効果的

POINT
「こだわり」をわかりやすく
素材など、そのメニューの「こだわり」をわかりやすい文章でまとめる

gentei youshoku 04

Variation

gentei chuka 01

gentei chuka 02

gentei washoku 03

Kansei → 21 Youbi

21 [完成テンプレート] 曜日別メニュー

youbi chuka 01

POINT 日替わりランチとしても可
タイトルは、「ランチメニュー」や「サービスメニュー」として使ってもよい

POINT 毎日替わる楽しみ
曜日別でメニューを準備することで、お客様を飽きさせない

POINT 写真は同じサイズに
曜日で分ける場合は、写真は同じサイズで掲載する

Variation

youbi washoku 02

youbi youshoku 03

HINT 曜日限定メニューのメリット

数量を限定したり、曜日を限定することで、販売数量の予測がある程度可能になる。それがロス率の低減につながり、トータル的な原価の低減になるメリットがある。

Kansei → 22 Japanese english menu

22 ［完成テンプレート］和食（英語）

japanese english menu 02

POINT　掲載する写真
天ぷら、寿司、刺身など、日本料理の代表的メニューは写真を載せたほうがよい

POINT　食べ方について
食べ方に特徴がある商品には、食文化にも触れて説明するとよい

Other Page

japanese english menu 01

japanese english menu 03

HINT　写真はできる限り多く
写真があれば、指差してオーダーすることができるため、写真を多く載せると外国人に親切なメニューブックになる。

詳しくは…P.30へGO!!

Kansei → 23 Chinese english menu

23 [完成テンプレート] 中華（英語）

chinese english menu 01

POINT 限定メニューとしても可
タイトルは、「限定メニュー」や「おすすめメニュー」としてとして使ってもよい

POINT 言語について
可能ならば、英語の他に中国語も併記して用意できればなおよい

完成テンプレート
22 和食（英語）
23 中華（英語）

Other Page

chinese english menu 02

chinese english menu 03

HINT 翻訳について
商品のネーミングによっては、日本語から英語に翻訳しにくいものもある。よって、翻訳については、専門の翻訳会社に依頼するのが最も安心だ。

詳しくは…P.31へGO!!

Kansei → 24 Western english menu

24 ［完成テンプレート］洋食（英語）

western english menu 03

POINT キャッチコピー
メニューの特徴をわかりやすく表現する

POINT 写真とメニュー名に番号
可能なら、写真とメニュー名に番号を付けておくと、指を指したり番号でオーダーができるので効果的

Other Page

western english menu 01

western english menu 02

HINT 消費税について
税抜き表示の場合は、消費税が加算されることを表示しなければならない。「8 % consumption tax」で「8％の消費税」、「Tax included」で「税込表示」を意味する。

［パーツ素材］
25 飾り（デコレーション）

kazari_1_1

kazari_1_2

kazari_1_4

kazari_1_5

kazari_2_1

kazari_2_2

kazari_2_3

kazari_2_4

kazari_2_5

kazari_2_6

kazari_3_1

kazari_3_2

kazari_3_3

kazari_3_4

kazari_3_5

kazari_3_6

kazari_4_1

kazari_4_3

kazari_4_4

kazari_4_6

kazari_5_3

kazari_5_6

kazari_6_2

kazari_6_3

Parts → 25 Decoration_kazari

Part 2 メニューブック素材カタログ

kazari_6_5	kazari_6_6	kazari_7_1	kazari_7_2
kazari_7_3	kazari_7_4	kazari_7_5	kazari_7_6
kazari_8_1	kazari_8_3	kazari_8_4	kazari_8_6
kazari_9_1	kazari_9_3	kazari_9_4	kazari_9_6
kazari_10_2	kazari_10_3	kazari_10_5	kazari_10_6
kazari_061	kazari_062	kazari_063	kazari_064
kazari_065	kazari_066	kazari_067	kazari_068

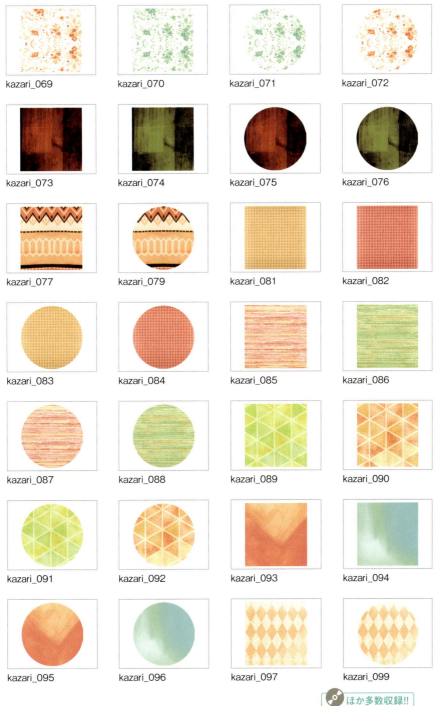

［パーツ素材］模様（デコレーション）

moyou_1_1

moyou_1_2

moyou_1_3

moyou_1_4

moyou_2_1

moyou_2_2

moyou_2_3

moyou_2_4

moyou_3_1

moyou_3_2

moyou_3_3

moyou_3_4

moyou_4_1

moyou_4_2

moyou_4_3

moyou_4_4

moyou_5_1

moyou_5_2

moyou_5_3

moyou_5_4

moyou_6_1

moyou_6_2

moyou_6_3

moyou_6_4

moyou_7_1

moyou_7_2

moyou_7_3

moyou_7_4

moyou_8_1

moyou_8_2

moyou_8_3

moyou_8_4

moyou_9_1

moyou_9_2

moyou_9_3

moyou_9_4

moyou_10_1

moyou_10_2

moyou_10_3

moyou_10_4

パーツ素材 26 模様（デコレーション）

HINT　アイコンの挿入方法

アイコンや模様をメニューブックに挿入する際、常に任意の場所に移動できるようにWordを設定しておきたい（Wordのデフォルトでは、このような設定になっていない）。設定の詳細は、P.153を参照。

HINT　オリジナル画像の挿入

自分で作成した画像、写真、アイコンなども挿入できる。その場合の画像は、背景が透明処理される「PNG」形式が望ましい。JPGなど別形式の画像の場合、別途Wordで透明処理をかける必要がある。

［パーツ素材］
27 数量限定（アイコン）

icon_gentei_1_001

icon_gentei_1_004

icon_gentei_1_007

icon_gentei_1_015

icon_gentei_2_001

icon_gentei_2_002

icon_gentei_2_003

icon_gentei_2_006

icon_gentei_2_007

icon_gentei_2_008

icon_gentei_2_012

icon_gentei_2_015

icon_gentei_3_001

icon_gentei_3_003

icon_gentei_3_007

icon_gentei_3_013

icon_gentei_4_001

icon_gentei_4_002

icon_gentei_4_008

icon_gentei_4_013

icon_gentei_5_001

icon_gentei_5_005

icon_gentei_5_007

icon_gentei_5_011

ほか多数収録!!

Parts → 28 icon_hayai

28 ［パーツ素材］早い！（アイコン）

icon_hayai_1_001

icon_hayai_1_004

icon_hayai_1_007

icon_hayai_1_015

icon_hayai_2_001

icon_hayai_2_002

icon_hayai_2_006

icon_hayai_2_010

icon_hayai_2_013

icon_hayai_2_015

icon_hayai_3_001

icon_hayai_3_003

icon_hayai_3_007

icon_hayai_3_008

icon_hayai_3_011

icon_hayai_3_014

icon_hayai_4_001

icon_hayai_4_002

icon_hayai_4_009

icon_hayai_4_013

icon_hayai_5_002

icon_hayai_5_006

icon_hayai_5_012

icon_hayai_5_014

27 数量限定（アイコン）

28 早い！（アイコン）

ほか多数収録!!

Parts → 29 icon_ichioshi

29 ［パーツ素材］いち押し！（アイコン）

icon_ichioshi_1_001

icon_ichioshi_1_007

icon_ichioshi_1_009

icon_ichioshi_1_011

icon_ichioshi_2_001

icon_ichioshi_2_008

icon_ichioshi_2_011

icon_ichioshi_2_015

icon_ichioshi_3_001

icon_ichioshi_3_004

icon_ichioshi_3_007

icon_ichioshi_3_011

icon_ichioshi_3_013

icon_ichioshi_3_015

icon_ichioshi_4_001

icon_ichioshi_4_004

icon_ichioshi_4_006

icon_ichioshi_4_008

icon_ichioshi_4_011

icon_ichioshi_4_012

icon_ichioshi_5_001

icon_ichioshi_5_006

icon_ichioshi_5_009

icon_ichioshi_5_012

ほか多数収録!!

[パーツ素材] 辛い（アイコン）

icon_karai_1_001

icon_karai_1_002

icon_karai_1_009

icon_karai_1_013

icon_karai_2_002

icon_karai_2_008

icon_karai_2_011

icon_karai_2_014

icon_karai_3_003

icon_karai_3_007

icon_karai_3_008

icon_karai_3_014

icon_karai_4_001

icon_karai_4_002

icon_karai_4_003

icon_karai_4_006

icon_karai_4_013

icon_karai_4_014

icon_karai_5_001

icon_karai_5_002

icon_karai_5_008

icon_karai_5_009

icon_karai_5_012

icon_karai_5_015

ほか多数収録!!

Parts → 31 icon_ninki

31 ［パーツ素材］ 人気 No.1（アイコン）

icon_ninki_1_001

icon_ninki_1_004

icon_ninki_1_008

icon_ninki_1_015

icon_ninki_2_001

icon_ninki_2_002

icon_ninki_2_008

icon_ninki_2_011

icon_ninki_2_013

icon_ninki_2_015

icon_ninki_3_002

icon_ninki_3_005

icon_ninki_3_009

icon_ninki_3_011

icon_ninki_4_001

icon_ninki_4_004

icon_ninki_4_006

icon_ninki_4_007

icon_ninki_4_013

icon_ninki_4_014

icon_ninki_5_001

icon_ninki_5_004

icon_ninki_5_008

icon_ninki_5_015

ほか多数収録!!

Parts → 32 icon_on_rei

32 [パーツ素材] 温・冷（アイコン）

icon_on_rei_1_001

icon_on_rei_1_007

icon_on_rei_1_014

icon_on_rei_1_015

icon_on_rei_2_001

icon_on_rei_2_005

icon_on_rei_2_009

icon_on_rei_2_015

icon_on_rei_3_004

icon_on_rei_3_006

icon_on_rei_3_012

icon_on_rei_3_015

icon_on_rei_4_001

icon_on_rei_4_005

icon_on_rei_4_006

icon_on_rei_4_011

icon_on_rei_5_001

icon_on_rei_5_006

icon_on_rei_5_011

icon_on_rei_5_015

icon_on_rei_6_001

icon_on_rei_6_004

icon_on_rei_6_007

icon_on_rei_6_013

パーツ素材 31 人気No.1（アイコン） 32 温・冷（アイコン）

ほか多数収録!!

[パーツ素材] おすすめ（アイコン）

icon_ososume_1_001

icon_ososume_1_007

icon_ososume_1_009

icon_ososume_1_013

icon_ososume_2_002

icon_ososume_2_006

icon_ososume_2_008

icon_ososume_2_014

icon_ososume_3_003

icon_ososume_3_007

icon_ososume_3_011

icon_ososume_3_014

icon_ososume_4_001

icon_ososume_4_008

icon_ososume_4_013

icon_ososume_4_014

icon_ososume_5_001

icon_ososume_5_002

icon_ososume_5_005

icon_ososume_5_006

icon_ososume_5_007

icon_ososume_5_010

icon_ososume_5_012

icon_ososume_5_015

Parts → 34 icon_syun

34 ［パーツ素材］旬（アイコン）

icon_syun_1_001

icon_syun_1_007

icon_syun_1_009

icon_syun_1_015

icon_syun_2_001

icon_syun_2_006

icon_syun_2_012

icon_syun_2_014

icon_syun_3_001

icon_syun_3_003

icon_syun_3_005

icon_syun_3_007

icon_syun_3_011

icon_syun_3_014

icon_syun_4_001

icon_syun_4_007

icon_syun_4_010

icon_syun_4_013

icon_syun_5_001

icon_syun_5_002

icon_syun_5_006

icon_syun_5_009

icon_syun_5_011

icon_syun_5_014

33 おすすめ（アイコン）
34 旬（アイコン）

ほか多数収録!!

35 [パーツ素材] 定番（アイコン）

icon_teiban_1_001

icon_teiban_1_003

icon_teiban_1_007

icon_teiban_1_009

icon_teiban_1_012

icon_teiban_1_015

icon_teiban_2_001

icon_teiban_2_005

icon_teiban_2_006

icon_teiban_2_008

icon_teiban_2_012

icon_teiban_2_014

icon_teiban_3_001

icon_teiban_3_007

icon_teiban_3_010

icon_teiban_3_012

icon_teiban_4_001

icon_teiban_4_003

icon_teiban_4_007

icon_teiban_4_011

icon_teiban_5_001

icon_teiban_5_007

icon_teiban_5_008

icon_teiban_5_014

［パーツ素材］イラスト

illust_001

illust_002

illust_003

illust_004

illust_005

illust_006

illust_007

illust_008

illust_009

illust_010

illust_011

illust_012

illust_013

illust_014

illust_015

illust_016

illust_017

illust_018

illust_019

illust_020

illust_021

illust_022

illust_023

illust_024

Parts → 36 Illustrator

Part 2 メニューブック素材カタログ

illust_025

illust_026

illust_027

illust_028

illust_029

illust_030

illust_031

illust_032

illust_033

illust_034

illust_035

illust_036

illust_037

illust_038

illust_039

illust_040

illust_041

illust_042

illust_043

illust_044

illust_045

illust_046

illust_047

illust_048

illust_049

illust_050

illust_051

illust_052

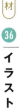

 illust_053	illust_054	illust_055	illust_056
illust_057	illust_058	illust_059	illust_060
illust_061	illust_062	illust_063	 illust_064
illust_065	illust_066	illust_067	illust_068
illust_069	illust_070	illust_071	illust_072
 illust_073	illust_074	illust_075	 illust_076
illust_077	illust_078	illust_079	illust_080

📁 Parts → 📁 36 Illustrator

Part 2 メニューブック素材カタログ

illust_081

illust_082

illust_083

illust_084

illust_085

illust_086

illust_087

illust_088

illust_089

illust_090

illust_091

illust_092

illust_093

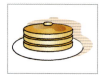
illust_094

illust_095

illust_096

illust_097

illust_098

illust_099

illust_100

 注意 **イラストの使い方**

イラストの多用や、商品と関連性の低いイラストの掲載は逆効果になる。使う点数、場所には注意が必要。イラストはメニューに限らずテーブルPOPなどにも活用可能。

注意 **Webからの無許可使用はNG**

Web上で公開されている写真、イラストにはすべて著作権がある。「著作権フリー」のように明記してあるものを除き、使用の際は著作者の許可が必要。不正使用が発覚した場合は、使用者が罪を問われる。

Parts → 37 title_agemono

37 ［パーツ素材］揚げ物（タイトル）

title_agemono_001

title_agemono_002

title_agemono_004

title_agemono_005

title_agemono_006

title_agemono_007

title_agemono_008

title_agemono_009

title_agemono_010

title_agemono_011

title_agemono_012

title_agemono_013

title_agemono_014

title_agemono_015

title_agemono_016

title_agemono_017

title_agemono_018

title_agemono_019

title_agemono_020

title_agemono_021

title_agemono_022

title_agemono_024

title_agemono_025

title_agemono_026

ほか多数収録!!

38 [パーツ素材] 焼き物（タイトル）

ttitle_yakimono_001

ttitle_yakimono_002

ttitle_yakimono_003

ttitle_yakimono_004

ttitle_yakimono_005

ttitle_yakimono_007

ttitle_yakimono_008

ttitle_yakimono_009

ttitle_yakimono_010

ttitle_yakimono_011

ttitle_yakimono_012

ttitle_yakimono_013

ttitle_yakimono_014

ttitle_yakimono_015

ttitle_yakimono_016

ttitle_yakimono_017

ttitle_yakimono_018

ttitle_yakimono_019

ttitle_yakimono_021

ttitle_yakimono_022

ttitle_yakimono_023

ttitle_yakimono_024

ttitle_yakimono_026

ttitle_yakimono_027

ほか多数収録!!

39 ［パーツ素材］数量限定（タイトル）

title_gentei_001

title_gentei_002

title_gentei_003

title_gentei_004

title_gentei_005

title_gentei_006

title_gentei_007

title_gentei_008

title_gentei_009

title_gentei_010

title_gentei_011

title_gentei_012

title_gentei_013

title_gentei_014

title_gentei_015

title_gentei_016

title_gentei_017

title_gentei_018

title_gentei_019

title_gentei_021

title_gentei_022

title_gentei_023

title_gentei_024

title_gentei_027

ほか多数収録!!

Parts → 40 title_teiban

40 [パーツ素材] 定番(タイトル)

title_teiban_001

title_teiban_002

title_teiban_003

title_teiban_004

title_teiban_005

title_teiban_006

title_teiban_007

title_teiban_008

title_teiban_009

title_teiban_010

title_teiban_012

title_teiban_013

title_teiban_014

title_teiban_016

title_teiban_017

title_teiban_018

title_teiban_019

title_teiban_020

title_teiban_021

title_teiban_022

title_teiban_024

title_teiban_025

title_teiban_026

title_teiban_027

ほか多数収録!!

Parts → 41 title_niku

41 ［パーツ素材］肉料理（タイトル）

title_niku_001

title_niku_002

title_niku_003

title_niku_004

title_niku_005

title_niku_006

title_niku_007

title_niku_008

title_niku_009

title_niku_010

title_niku_011

title_niku_012

title_niku_013

title_niku_014

title_niku_015

title_niku_016

title_niku_017

title_niku_018

title_niku_019

title_niku_021

title_niku_022

title_niku_023

title_niku_025

title_niku_026

ほか多数収録!!

パーツ素材
40 定番（タイトル）
41 肉料理（タイトル）

［パーツ素材］ 42 魚料理（タイトル）

title_sakana_001

title_sakana_002

title_sakana_003

title_sakana_004

title_sakana_005

title_sakana_006

title_sakana_007

title_sakana_008

title_sakana_009

title_sakana_010

title_sakana_011

title_sakana_012

title_sakana_013

title_sakana_014

title_sakana_015

title_sakana_017

title_sakana_018

title_sakana_019

title_sakana_020

title_sakana_021

title_sakana_022

title_sakana_023

title_sakana_024

title_sakana_027

ほか多数収録!!

Parts → 43 title_ippin

43 ［パーツ素材］一品料理（タイトル）

title_ippin_001

title_ippin_002

title_ippin_003

title_ippin_004

title_ippin_005

title_ippin_006

title_ippin_007

title_ippin_008

title_ippin_009

title_ippin_010

title_ippin_011

title_ippin_012

title_ippin_013

title_ippin_014

title_ippin_015

title_ippin_016

title_ippin_017

title_ippin_018

title_ippin_019

title_ippin_020

title_ippin_022

title_ippin_023

title_ippin_025

title_ippin_026

ほか多数収録!!

44 ［パーツ素材］食事（タイトル）

title_osyokuzi_001

title_osyokuzi_002

title_osyokuzi_004

title_osyokuzi_005

title_osyokuzi_006

title_osyokuzi_007

title_osyokuzi_008

title_osyokuzi_009

title_osyokuzi_010

title_osyokuzi_011

title_osyokuzi_012

title_osyokuzi_013

title_osyokuzi_014

title_osyokuzi_015

title_osyokuzi_016

title_osyokuzi_018

title_osyokuzi_019

title_osyokuzi_020

title_osyokuzi_021

title_osyokuzi_022

title_osyokuzi_023

title_osyokuzi_024

title_osyokuzi_026

title_osyokuzi_027

［パーツ素材］おつまみ（タイトル）

title_otsumami_001

title_otsumami_002

title_otsumami_003

title_otsumami_004

title_otsumami_005

title_otsumami_006

title_otsumami_007

title_otsumami_008

title_otsumami_009

title_otsumami_010

title_otsumami_011

title_otsumami_012

title_otsumami_013

title_otsumami_014

title_otsumami_015

title_otsumami_016

title_otsumami_017

title_otsumami_018

title_otsumami_019

title_otsumami_022

title_otsumami_023

title_otsumami_024

title_otsumami_025

title_otsumami_027

ほか多数収録!!

Parts → 46 title_pasta

46 [パーツ素材] パスタ（タイトル）

title_pasta_001

title_pasta_002

title_pasta_003

title_pasta_004

title_pasta_005

title_pasta_006

title_pasta_007

title_pasta_008

title_pasta_009

title_pasta_010

title_pasta_011

title_pasta_012

title_pasta_013

title_pasta_014

title_pasta_015

title_pasta_016

title_pasta_017

title_pasta_018

title_pasta_019

title_pasta_021

title_pasta_023

title_pasta_024

title_pasta_025

title_pasta_026

ほか多数収録!!

47 ［パーツ素材］ サラダ（タイトル）

title_salad_001

title_salad_003

title_salad_004

title_salad_005

title_salad_007

title_salad_009

title_salad_010

title_salad_011

title_salad_012

title_salad_013

title_salad_014

title_salad_015

title_salad_016

title_salad_017

title_salad_018

title_salad_019

title_salad_020

title_salad_021

title_salad_022

title_salad_023

title_salad_024

title_salad_025

title_salad_026

title_salad_027

ほか多数収録!!

Parts → 48 title_sashimi

48 [パーツ素材] お刺身（タイトル）

title_sashimi_001

title_sashimi_002

title_sashimi_003

title_sashimi_004

title_sashimi_005

title_sashimi_006

title_sashimi_007

title_sashimi_008

title_sashimi_009

title_sashimi_010

title_sashimi_012

title_sashimi_013

title_sashimi_015

title_sashimi_016

title_sashimi_017

title_sashimi_019

title_sashimi_020

title_sashimi_021

title_sashimi_022

title_sashimi_023

title_sashimi_024

title_sashimi_025

title_sashimi_026

title_sashimi_027

ほか多数収録!!

[パーツ素材] 定食（タイトル）

49

title_teisyoku_001

title_teisyoku_002

title_teisyoku_003

title_teisyoku_004

title_teisyoku_005

title_teisyoku_006

title_teisyoku_007

title_teisyoku_008

title_teisyoku_009

title_teisyoku_010

title_teisyoku_011

title_teisyoku_012

title_teisyoku_013

title_teisyoku_014

title_teisyoku_015

title_teisyoku_016

title_teisyoku_017

title_teisyoku_018

title_teisyoku_019

title_teisyoku_020

title_teisyoku_022

title_teisyoku_023

title_teisyoku_024

title_teisyoku_025

ほか多数収録!!

Parts → 50 title_gohan

50 [パーツ素材] ご飯（タイトル）

title_gohan_001

title_gohan_002

title_gohan_003

title_gohan_004

title_gohan_005

title_gohan_006

title_gohan_007

title_gohan_008

title_gohan_009

title_gohan_010

title_gohan_011

title_gohan_012

title_gohan_013

title_gohan_014

title_gohan_016

title_gohan_017

title_gohan_018

title_gohan_019

title_gohan_020

title_gohan_021

title_gohan_022

title_gohan_024

title_gohan_025

title_gohan_026

Part 2 メニューブック素材カタログ

Parts → 51 title_don

51 ［パーツ素材］丼もの（タイトル）

title_don_001

title_don_002

title_don_003

title_don_004

title_don_005

title_don_006

title_don_007

title_don_008

title_don_010

title_don_011

title_don_012

title_don_013

title_don_014

title_don_015

title_don_016

title_don_017

title_don_018

title_don_019

title_don_020

title_don_021

title_don_023

title_don_024

title_don_025

title_don_027

パーツ素材
50 ご飯（タイトル）
51 丼もの（タイトル）

ほか多数収録!!

Parts → 52 title_kanmi

[パーツ素材]
甘味（タイトル）

Part 2 メニューブック素材カタログ

title_kanmi_001

title_kanmi_003

title_kanmi_004

title_kanmi_005

title_kanmi_006

title_kanmi_007

title_kanmi_008

title_kanmi_009

title_kanmi_010

title_kanmi_011

title_kanmi_012

title_kanmi_014

title_kanmi_015

title_kanmi_016

title_kanmi_017

title_kanmi_019

title_kanmi_020

title_kanmi_021

title_kanmi_022

title_kanmi_023

title_kanmi_024

title_kanmi_025

title_kanmi_026

title_kanmi_027

ほか多数収録!!

Parts → 53 title_dessert

53 ［パーツ素材］ デザート（タイトル）

title_dessert_001

title_dessert_002

title_dessert_004

title_dessert_005

title_dessert_006

title_dessert_007

title_dessert_008

title_dessert_009

title_dessert_010

title_dessert_011

title_dessert_012

title_dessert_014

title_dessert_015

title_dessert_016

title_dessert_017

title_dessert_018

title_dessert_019

title_dessert_020

title_dessert_021

title_dessert_022

title_dessert_023

title_dessert_024

title_dessert_025

title_dessert_027

 ほか多数収録!!

パーツ素材

52 甘味（タイトル）

53 デザート（タイトル）

Parts → 54 title_kushi

54 ［パーツ素材］串（タイトル）

title_kushi_001

title_kushi_002

title_kushi_003

title_kushi_004

title_kushi_005

title_kushi_006

title_kushi_007

title_kushi_008

title_kushi_009

title_kushi_010

title_kushi_011

title_kushi_012

title_kushi_013

title_kushi_014

title_kushi_015

title_kushi_016

title_kushi_017

title_kushi_018

title_kushi_019

title_kushi_020

title_kushi_022

title_kushi_023

title_kushi_025

title_kushi_026

ほか多数収録!!

55 [パーツ素材] 麺（タイトル）

title_men_001

title_men_002

title_men_003

title_men_004

title_men_005

title_men_006

title_men_007

title_men_008

title_men_010

title_men_011

title_men_012

title_men_013

title_men_014

title_men_015

title_men_016

title_men_018

title_men_019

title_men_020

title_men_021

title_men_022

title_men_023

title_men_024

title_men_025

title_men_027

Parts → 56 title_grand

56 [パーツ素材] グランドメニュー（タイトル）

title_grand_001

title_grand_002

title_grand_003

title_grand_004

title_grand_005

title_grand_006

title_grand_007

title_grand_008

title_grand_009

title_grand_010

title_grand_011

title_grand_012

title_grand_014

title_grand_015

title_grand_016

title_grand_017

title_grand_018

title_grand_019

title_grand_020

title_grand_021

title_grand_022

title_grand_024

title_grand_025

title_grand_026

ほか多数収録!!

57 ［パーツ素材］クイックメニュー（タイトル）

title_quick_001

title_quick_002

title_quick_003

title_quick_004

title_quick_005

title_quick_006

title_quick_007

title_quick_008

title_quick_009

title_quick_011

title_quick_012

title_quick_013

title_quick_014

title_quick_015

title_quick_016

title_quick_017

title_quick_018

title_quick_020

title_quick_021

title_quick_022

title_quick_023

title_quick_025

title_quick_027

ほか多数収録!!

Parts → 58 title_drink

58 ［パーツ素材］ドリンクメニュー（タイトル）

Part 2 メニューブック素材カタログ

title_drink_001

title_drink_002

title_drink_003

title_drink_004

title_drink_006

title_drink_007

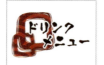
title_drink_008

title_drink_009

title_drink_010

title_drink_011

title_drink_013

title_drink_014

title_drink_016

title_drink_017

title_drink_018

title_drink_019

title_drink_020

title_drink_021

title_drink_022

title_drink_023

title_drink_024

title_drink_025

title_drink_026

title_drink_027

Parts → 59 title_sake

59 ［パーツ素材］酒（タイトル）

title_sake_001

title_sake_002

title_sake_003

title_sake_004

title_sake_005

title_sake_006

title_sake_007

title_sake_008

title_sake_009

title_sake_010

title_sake_011

title_sake_012

title_sake_014

title_sake_015

title_sake_016

title_sake_017

title_sake_019

title_sake_020

title_sake_021

title_sake_022

title_sake_023

title_sake_024

title_sake_025

title_sake_026

Parts → 60 title_softdrink

60 [パーツ素材] ソフトドリンク（タイトル）

title_softdrink_001

title_softdrink_003

title_softdrink_004

title_softdrink_005

title_softdrink_006

title_softdrink_007

title_softdrink_008

title_softdrink_009

title_softdrink_010

title_softdrink_011

title_softdrink_012

title_softdrink_014

title_softdrink_015

title_softdrink_016

title_softdrink_017

title_softdrink_018

title_softdrink_019

title_softdrink_021

title_softdrink_022

title_softdrink_023

title_softdrink_024

title_softdrink_025

title_softdrink_026

title_softdrink_027

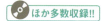
ほか多数収録!!

Parts → 61 title_cocktail

[パーツ素材]
カクテル（タイトル）

title_cocktail_001

title_cocktail_002

title_cocktail_003

title_cocktail_004

title_cocktail_005

title_cocktail_006

title_cocktail_007

title_cocktail_008

title_cocktail_010

title_cocktail_011

title_cocktail_012

title_cocktail_014

title_cocktail_015

title_cocktail_016

title_cocktail_017

title_cocktail_019

title_cocktail_020

title_cocktail_021

title_cocktail_022

title_cocktail_023

title_cocktail_024

title_cocktail_025

title_cocktail_026

title_cocktail_027

ほか多数収録!!

60 ソフトドリンク（タイトル）

61 カクテル（タイトル）

［パーツ素材］ 62 日本酒（タイトル）

title_nihonsyu_001

title_nihonsyu_002

title_nihonsyu_004

title_nihonsyu_005

title_nihonsyu_006

title_nihonsyu_007

title_nihonsyu_008

title_nihonsyu_009

title_nihonsyu_010

title_nihonsyu_011

title_nihonsyu_012

title_nihonsyu_013

title_nihonsyu_014

title_nihonsyu_015

title_nihonsyu_016

title_nihonsyu_017

title_nihonsyu_018

title_nihonsyu_020

title_nihonsyu_021

title_nihonsyu_022

title_nihonsyu_023

title_nihonsyu_024

title_nihonsyu_026

title_nihonsyu_027

ほか多数収録!!

Parts → 63 title_syoucyu

63 ［パーツ素材］ 焼酎（タイトル）

title_syoucyu_001

title_syoucyu_003

title_syoucyu_004

title_syoucyu_005

title_syoucyu_006

title_syoucyu_007

title_cocktail_008

title_syoucyu_009

title_syoucyu_010

title_syoucyu_012

title_syoucyu_013

title_syoucyu_014

title_syoucyu_015

title_syoucyu_016

title_syoucyu_017

title_syoucyu_018

title_syoucyu_019

title_syoucyu_020

title_syoucyu_021

title_syoucyu_022

title_syoucyu_023

title_syoucyu_024

title_syoucyu_025

title_syoucyu_026

ほか多数収録!!

64 [パーツ素材] ワイン（タイトル）

 title_wine_001
 title_wine_002
 title_wine_003
 title_wine_004

 title_wine_006
 title_wine_007
 title_wine_008
 title_wine_009

 title_wine_010
 title_wine_012
 title_wine_013
 title_wine_015

 title_wine_016
 title_wine_017
 title_wine_018
 title_wine_019

 title_wine_020
 title_wine_021
 title_wine_022
 title_wine_023

 title_wine_024
title_wine_025
 title_wine_026
 title_wine_027

 ほか多数収録!!

65 [パーツ素材] ビール（タイトル）

title_beer_001

title_beer_002

title_beer_003

title_beer_004

title_beer_005

title_beer_007

title_beer_008

title_beer_009

title_beer_010

title_beer_011

title_beer_013

title_beer_014

title_beer_015

title_beer_016

title_beer_017

title_beer_018

title_beer_019

title_beer_020

title_beer_021

title_beer_022

title_beer_023

title_beer_024

title_beer_025

title_beer_027

ほか多数収録!!

Parts → 66 background

[パーツ素材] 66 背景

back01

back02

back03

back04

back05

back06

back07

back09

back10

パーツ素材 66 背景

back11

back14

back15

back16

back21

back23

back25

back26

ほか多数収録!!

Parts → 66 background

Part 2 メニューブック素材カタログ

back28

back29

back31

back33

back36

back37

back39

back41

ほか多数収録!!

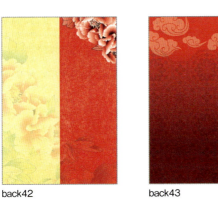

back42 back43 back44

back45 back46 back47

back48 back50 back52

パーツ素材

66

背景

ほか多数収録!!

135

Parts → 66 background

Part 2 メニューブック素材カタログ

back54

back55

back56

back57

back58

back59

back60

back61

back63

ほか多数収録!!

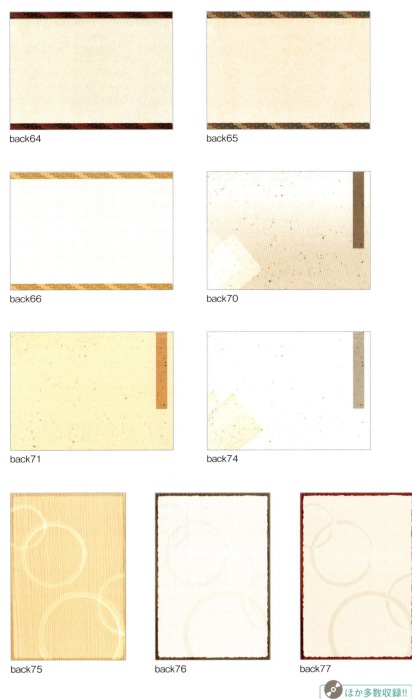

back64　　　　　　　　　back65

back66　　　　　　　　　back70

back71　　　　　　　　　back74

back75　　　back76　　　back77

Parts → 66 background

Part 2 メニューブック素材カタログ

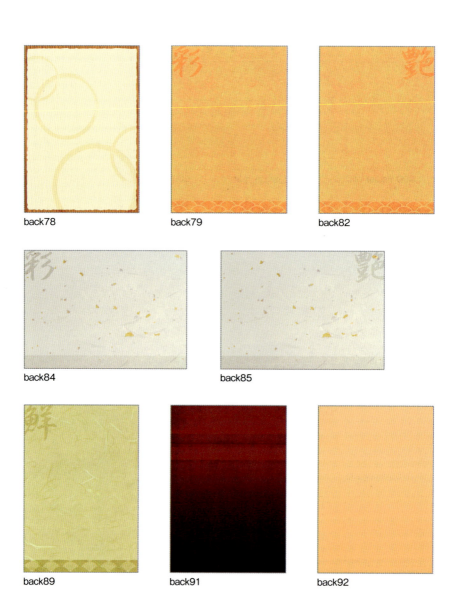

back78

back79

back82

back84

back85

back89

back91

back92

ほか多数収録!!

back93

back94

back95

back96

back97

back99

back100

back101

back102

パーツ素材 66 背景

ほか多数収録!!

Parts → 66 background

Part 2 メニューブック素材カタログ

back103

back104

back106

back107

back108

back109

back110

back111

back112

140

ほか多数収録!!

パーツ素材 66 背景

back116

back118

back119

back120

back121

back122

back124

back126

back127

ほか多数収録!!

Parts → 66 background

Part 2
メニューブック素材カタログ

back129　　back130　　back131

back132　　back134　　back135

back136　　back138　　back139

ほか多数収録!!

Part 3

メニューブックを作ろう

本書付属DVD-ROMに収録されている素材は、
Wordで簡単に操作できます。
ここでは、基本的な素材の操作&カスタマイズ方法を紹介します。
なお、ここで解説するのはあくまで一例なので、
自分で様々な操作を試してみてもよいでしょう。

完成テンプレートを開く

付属DVD-ROMには、メニューブックの完成テンプレートがWord形式で収録されています。まずは完成テンプレートを開いて保存しましょう。

完成テンプレートを開く

01 付属DVD-ROMをセットして開く

❶PCのDVDドライブに本書付属DVD-ROMをセットする
❷[スタート]ボタンから「コンピューター」をクリックする

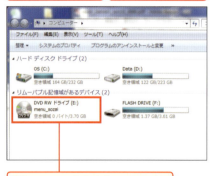

❸「menu_sozai」をダブルクリックする

02 「Kansei」フォルダーを開く

❶「Kansei」フォルダーをダブルクリックする

03 利用したい業種のフォルダーを開く

❷利用したい業種のフォルダーをダブルクリックする

04 Wordファイルを開く

❶目的のファイルが入ったフォルダーをダブルクリックして開く

❷完成テンプレートのWordファイルをダブルクリックする

05 完成テンプレートが開く

❶完成テンプレートがWordで開く

ファイルを保存する

01 「名前を付けて保存」を選択する

❶「ファイル」タブをクリックする

❷「名前を付けて保存」をクリックする

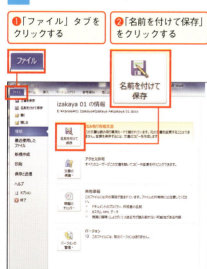

02 ファイル名を入力して保存する

❶ファイルの保存先を選択する

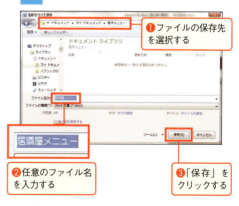

❷任意のファイル名を入力する

❸「保存」をクリックする

注意 本書の動作保証環境

本書付属DVD-ROMに収録されている完成テンプレートは、Word 2013/2010/2007に対応している。Macintoshでの利用は動作保証環境外となるので要注意。

メニューの文字を変更する

完成テンプレートの文字は、任意に書き換えたり、
書式を変更したりすることができます。

Part 3 メニューブックを作ろう

文字を変更する

01 変更したい文字列を選択する

❶テキストボックスをクリックして、変更したい文字列をドラッグする

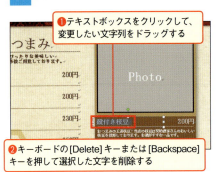

❷キーボードの[Delete]キーまたは[Backspace]キーを押して選択した文字を削除する

02 文字列を入力する

❶キーボードで文字列を入力する

テキストの書式を変更する

01 フォントを変更する

❶文字列をドラッグして選択された状態にする

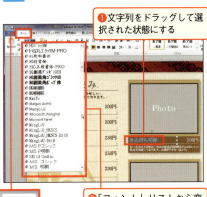

❷「ホーム」タブをクリックする

❸「フォント」リストから変更したいフォントを選択する

02 フォントサイズを変更する

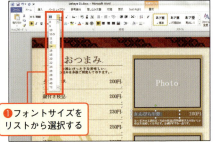

❶フォントサイズをリストから選択する

03 テキストの色を変更する

❶「フォントの色」から色を選択する

> **HINT　文字色の変更**
>
>
>
> 「フォントの色」で「その他の色」をクリックすると、リスト以外の色も選択できる。

文字列を追加する

01 テキストボックスを挿入する

❶「挿入」タブをクリックする

❷「テキストボックス」をクリックする

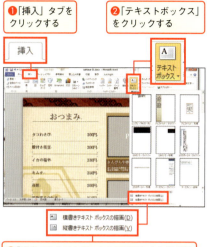

❸「横書きテキストボックスの描写」または「縦書きテキストボックスの描写」をクリックする

02 テキストボックスを配置する

❶ マウスポインタが「＋」になっていることを確認する

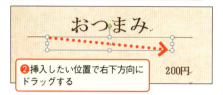

❷ 挿入したい位置で右下方向にドラッグする

03 文字列を入力する

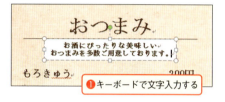

❶ キーボードで文字入力する

テキストの書式を変更する

01 テキストボックスのサイズを変更する

❶ テキストボックスをクリックして選択する

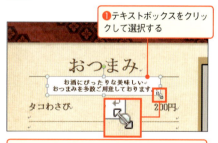

❷ カーソルをテキストボックスの隅に合わせ、ポインタの形が変わったらドラッグしてサイズを変更する

HINT 縦横比を維持したまま変更

[Shift] キーを押しながらドラッグすると、縦横比を維持したままサイズを変更できる。

02 テキストボックスの位置を変更する

❶ テキストボックスの枠線上にカーソルを合わせる

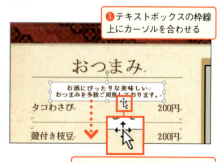

❷ ポインタの形が変わったら、移動したい場所までドラッグする

HINT 位置を固定したまま移動

[Shift] キーを押しながらドラッグすると、水平方向または垂直方向に移動できる。

テキストボックスを透明にする

01 「テキストボックスの書式設定」を開く

❶ テキストボックスの枠線上にカーソルを合わせ、ポインタの形が変わったことを確認する

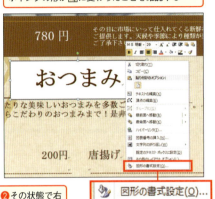

❷ その状態で右クリックする

❸ 右クリックメニューから「図形の書式設定」をクリックする

02 「塗りつぶしなし」を設定する

❶ 「図形の書式設定」で「塗りつぶし」をクリックする

❷ 「塗りつぶしなし」を選択する

❸ 「閉じる」をクリックする

03 「線なし」に設定する

❶ 「図形の書式設定」で「線の色」をクリックする

❷ 「線なし」を選択する

❸ 「閉じる」をクリックする

HINT 透明なテキストボックスをあらかじめ登録しておく

背景や線が透明なテキストボックスを登録しておくと、以降のテキスト入力作業をスムーズに行える。設定方法は以下の通り。

1. 作成したテキストボックスを選択
2. [挿入]タブをクリック
3. [テキストボックス]をクリック
4. [選択画面をテキストボックスギャラリーに保存]をクリック

文字幅を調整する

01 文字幅を調整したい文字列を選択する

❶文字列を調整したい文字をドラッグして選択する

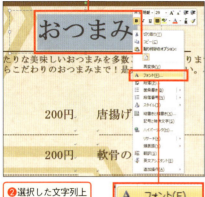

❷選択した文字列上で右クリックする

❸右クリックメニューから「フォント」を選択する

02 文字列の倍率を変更する

❶「詳細設定」タブをクリックする

❷「倍率」を任意に設定する

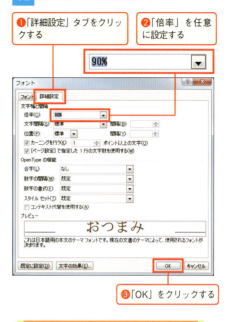

❸「OK」をクリックする

HINT 長体・平体

文字幅の倍率を100%より小さくすると、文字が縦長の「長体」となり、100%より大きくすると、文字が横長の「平体」となる。

倍率80%

倍率120%

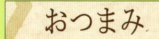

HINT メニュー名が長くて1行に収まらない場合

| タコわさび | 200円 |
| 契約農家さん直送の新鮮殻付き枝豆 | 200円 |

メニュー名が長くて2行になってしまう。

| タコわさび | 200円 |
| 契約農家さん直送の新鮮殻付き枝豆 | 200円 |

文字幅の倍率を「75%」に調整した。

文字間隔を調整する

01 文字列を選択する

❶文字間を調整したい文字列をドラッグして選択する

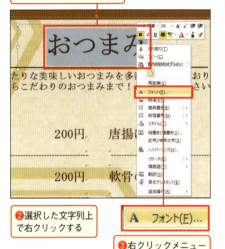

❷選択した文字列上で右クリックする

❸右クリックメニューから「フォント」を選択する

02 文字間隔を変更する

❶「詳細設定」タブをクリックする

❷「文字間隔」を「広く」または「狭く」に設定する

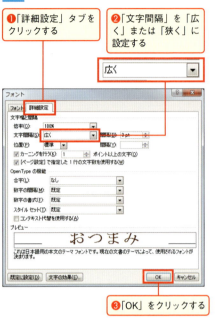

❸「OK」をクリックする

HINT 均等ぞろえでバランスよく

テキストボックス内のテキストを均等に配置するには以下の手順を行うとよい。

1. テキストボックスを選択
2. 段落メニューを開く
3. [インデントと行間隔]タブを開く
4. [配置]を[均等割り付け]に変更

HINT 文字間隔はフォントによって異なる

文字間隔はフォントの種類によって異なる。文字間隔が気になる場合は、上記の方法で調節しよう。

MS明朝

刺身3種盛り合わせ

MSゴシック

刺身3種盛り合わせ

行間を調整する

01 文字列を選択する

❶行間を調整したい文字列を選択する

❷「ホーム」タブをクリックする

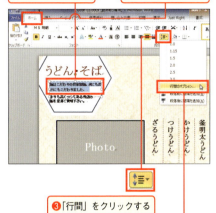

❸「行間」をクリックする

❹「行間のオプション」を選択する

02 行間を設定する

❶「インデントと行間隔」タブをクリックする

❷「行間」をリストから選択する

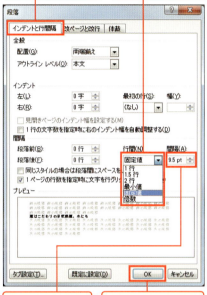

❸リストの「最小値」「固定値」「倍数」を選択した場合は、「間隔」の値を設定する

❹「OK」をクリックする

HINT 簡単に行間調整をするには

ホームタブの「行間」をクリックすると、簡単に行間を設定できる。規定の行間設定は「1.0」だが、例えば「1.5」を選べば、規定の行間隔に対して1.5行分になる。ただし細かい調整はできないため、注意が必要。

HINT 行間調整のコツ

「固定値」の「間隔」の数値を、フォントサイズよりやや大きめに設定するのがコツ。そうすれば、離れすぎず、狭すぎず、バランスのよい行間になる。ただし、フォントの大きさを変更しても、行間は自動で調整されないので、その都度行間を設定し直す必要がある。

イラストを変更する

完成テンプレートに配置されているイラストは、任意に変更できます。付属DVD-ROMに収録されているパーツ素材を使えば、オリジナルのメニューブックの出来上がりです。

イラストを削除する

01 イラストを選択する

❶削除したいイラストをクリックして選択する

02 イラストを削除する

❶キーボードの[Delete]キーまたは[Backspace]キーを押す

❷イラストが削除される

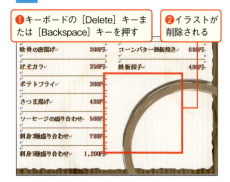

サイズの変更とイラストの回転

01 イラストサイズを拡大／縮小する

❶イラストをクリックして選択する

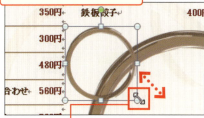

❷カーソルをイラストの隅（どこの隅でもOK）に合わせ、ポインタの形が に変わったところでクリックする

❸外側にドラッグするとイラストが大きく、内側にドラッグすると小さくなる

02 イラストを回転させる

❶イラストをクリックして選択する

❷イラスト上部の回転ハンドルをクリックする

❸クリックしたまま任意の方向へドラッグすると、イラストを回転できる

> **HINT サイズ変更のポイント**
> [Ctrl]キーを押しながらドラッグすると、イラストの中心を基準にしてサイズを変更できる。

> **HINT 回転のポイント**
> [Shift]キーを押しながらドラッグすると、イラストを15度ずつ回転できる。

イラストを移動する

01 イラストを選択してドラッグする

❶イラストをクリックして選択する

❸クリックしたまま移動したい位置までドラッグする

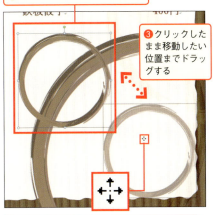

❷イラストの上にカーソルをのせて、ポインタが✥に変わったところでクリックする

01 イラストが移動する

❶ドロップした位置にイラストが移動する

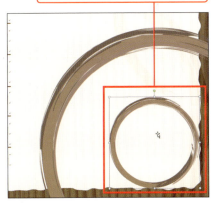

HINT イラストの重ね順

イラストや写真の重ね順を変更するには、イラスト（写真）を右クリックし、「最背面に移動（最前面に移動）」を選択する。

HINT 画像を自由に配置するには

Wordの初期設定では、画像やテキストボックス、図形などがグリッド線の位置に合うように設定されている。微妙な位置を調整したいときは不便だ。作業に合わせて、グリッド線への吸着機能をオフにしておくとよい。

❶「ページレイアウト」タブをクリックする

❷「配置」をクリックする

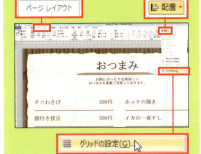

❸「グリッドの設定」をクリックする

❹「グリッド線」画面の「描写オブジェクトをほかのオブジェクトに合わせる」のチェックを外す

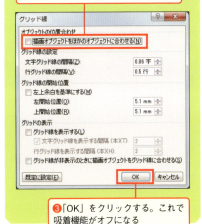

❺「OK」をクリックする。これで吸着機能がオフになる

イラストを追加する

01 イラストを挿入する

❶「挿入」タブをクリックする

❷「図」をクリックする

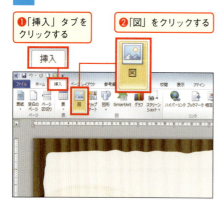

02 使用したいイラストを選択する

❶「図の挿入」画面が表示される

❷使用したいイラストを選択する

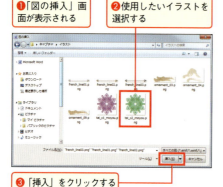

❸「挿入」をクリックする

03 イラストが配置される

❶イラストがWord上に配置される

HINT イラストが常に前面になるよう設定する

Word上にイラストを挿入すると、通常は文章面の「行内」に配置され、自由に移動させることができない。そこで、あらかじめ挿入した画像が常に文章面の「前面」に配置されるよう設定しておくとよい。

❶「ファイル」タブをクリックする

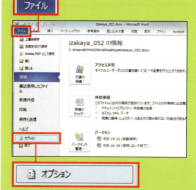

❷「オプション」を選択する

❸「Wordのオプション」の「詳細設定」を選択する

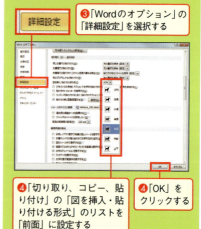

❹「切り取り、コピー、貼り付け」の「図を挿入・貼り付ける形式」のリストを「前面」に設定する

❹「OK」をクリックする

背景を変更する

完成テンプレートに配置されている背景画像は、任意に変更できます。ここでは、背景の変更方法を解説します。

背景を削除する

01 背景を選択する

❶背景をクリックして選択する

02 背景を削除する

❶キーボードの[Delete]キーまたは[Backspace]キーを押して削除する

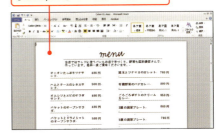

背景を挿入する

01 背景を挿入する

❶「挿入」タブをクリックする

❷「図」をクリックする

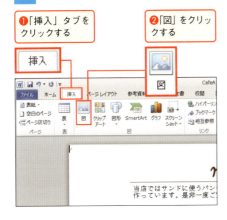

02 使用したい背景画像を選択する

❶本書付属DVD-ROMの「Parts」内、「background」フォルダーを開く

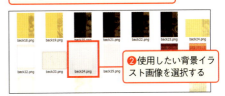

❷使用したい背景イラスト画像を選択する

03 背景が配置される

❶背景がWord上に配置される

背景を最背面へ移動する

01 背景を選択する

❶背景をクリックして選択する

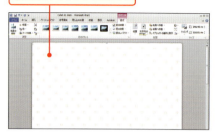

02 「最背面に移動」を選択する

❶背景を選択したまま右クリックする

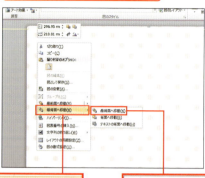

❷表示されたメニューから「最背面へ移動」を選択する

❷「最背面へ移動」を選択すると、背景が最背面へ移動する

03 背景が最背面に移動する

❶背景が最背面に移動する

背景を用紙サイズに合わせる

01 背景を選択してドラッグする

❶背景を選択する

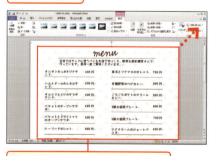

❷上下左右にドラッグし、用紙サイズに合うよう背景を調整する

02 背景サイズが変更される

❶背景を用紙サイズに合わせることができる

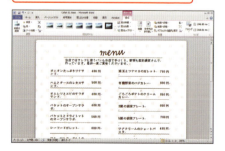

写真を挿入・加工する

完成テンプレートにはメニューの写真が入っていません。そこで、ここでは写真の挿入と加工方法を紹介します。

写真を挿入する

01 写真を挿入する

❶「挿入」タブをクリックする

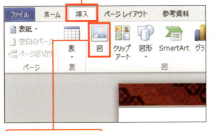

❷「図」をクリックする

02 使用したい写真を選択する

❶「図の挿入」画面が表示される

❷使用したい写真を任意に選択する

❸「挿入」をクリックすると、選択した写真を挿入できる

写真をトリミングする

01 写真をトリミングする

❶トリミングしたい写真をクリックする

❷「書式」タブをクリックする

❸「トリミング」をクリックする

02 写真の上下左右をカットする

❶写真の周囲にハンドルが表示される

❷ハンドルにカーソルを合わせ、カットしたい部分までドラッグするとよい

> **HINT 写真のサイズ変更や回転**
>
> 「書式」タブの「修正」から、写真の「明るさ」を変更することも可能。なお、写真のサイズ変更、回転や移動の方法などは、P.152の「イラストを変更する」で紹介している方法と同じ。

> **HINT 円形にトリミング**
>
> トリミングで「図形に合わせてトリミング」を選択すれば、写真を円形にすることも可能（Word2007では使用不可）。

メニューブックを印刷する

メニューブックが完成したら、さっそく印刷してみましょう。ここでは、印刷の手順を解説します。

プリンターで印刷する

01 印刷前にプレビューを確認する

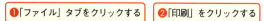

❶「ファイル」タブをクリックする　❷「印刷」をクリックする

❸プレビュー画面で、テキストやイラストが正しく配置されているかを確認する

❹プリンターが正しく選択されていることを確認する

02 プロパティを表示する

❶「プリンターのプロパティ」をクリックする

03 用紙の種類を指定する

❶「基本設定」タブをクリックする

❷「用紙種類」を任意に選択する

04 用紙サイズを設定する

❶「ページ設定」タブをクリックする

❷「用紙サイズ」を任意に選択する

❸設定後、「OK」をクリックする

05 印刷を開始する

❶印刷の設定画面に戻る

❷印刷部数を任意に指定する

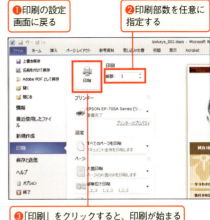

❸「印刷」をクリックすると、印刷が始まる

> **注意** プリンターの設定画面
>
> 印刷画面は、プリンターの機種によって異なるので要注意。

HINT フチなし印刷を行うには

プリンターの機種によっては、「フチなし印刷」に対応している。対応機種であれば、プロパティ画面で「フチなし印刷」の設定を行える。設定方法は機種によって異なるので、詳細はプリンターのマニュアルを参照するとよい。

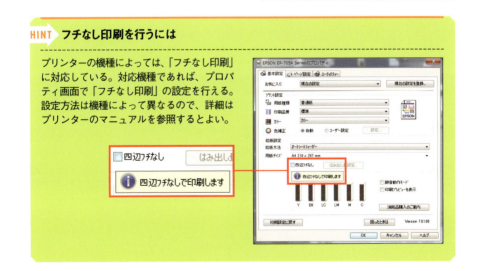

著者略歴

株式会社シー・アール・エム

飲食店向けメニューブックのデザイン、製作、既製品販売を手掛ける。納入実績は、全国で1000店舗以上あり、海外からの製作依頼にも対応している。その他、自社オリジナルの運営サイトも多数運営。
http://www.crm-net.com

【運営サイト】
- ●メニューブックの達人（http://wwww.menubook-tatsujin.com）
既製品のメニューブックの販売の他、メニュー中面の印刷、
1部からオリジナルメニューブックが製作できるサービス等を提供。
- ●大判プリント110（http://www.obanprint110.com）
店内ポスター印刷や店頭の販促ツールの制作、販売。
- ●スクラッチカードの達人（http://www.scratch-cd.com）
イベントやキャンペーンで使うスクラッチカードの印刷。
- ●動画制作の達人（http://www.douga-seisaku.tv）
手軽に動画を制作できる。

アートディレクション：松村 祐輔　内山 敦史（株式会社シー・アール・エム）
メニューブックデザイン：川端 庸理夏　秋田 和也（株式会社シー・アール・エム）
テンプレート制作：岩越 里枝　イシャKC　外山 栞（株式会社シー・アール・エム）

装丁デザイン　　小島 トシノブ（NonDesign）
本文デザイン　　FANTAGRAPH
DTP　　　　　　佐々木 大介
素材協力　　　　アフロ　　　http://www.aflo.com/
　　　　　　　　photo AC　　http://www.photo-ac.com/main/terms

パパッとできる！売上がのびる！
メニューブック素材集

2015年8月7日　初版第1刷発行

著　者　株式会社シー・アール・エム
発行人　佐々木 幹夫
発行所　株式会社 翔泳社（http://www.shoeisha.co.jp）
印刷・製本　日経印刷株式会社
©2015 CRM inc.,

本書は著作権法上の保護を受けています。本書の一部または全部について（ソフトウェアおよびプログラムを含む）、株式会社 翔泳社から文書による許諾を得ずに、いかなる方法においても無断で複写、複製することは禁じられています。
本書へのお問い合わせについては、14ページに記載の内容をお読みください。
本書の内容は、執筆時点（2015年7月）のものです。
落丁・乱丁はお取り替えいたします。03-5362-3705までご連絡ください。

ISBN978-4-7981-4234-0　　　　　　　　　　　Printed in Japan